保育・教職実践演習

— わたしを見つめ、求められる保育者になるために —

寺田恭子/榊原志保/高橋一夫

[編著]

ミネルヴァ書房

はじめに

❏ 本書の位置づけ

　この本を手に取られたみなさんは，近い将来，幼稚園，認定こども園，保育所ならびにその他の様々な児童福祉施設で保育専門職として最初の一歩を踏み出そうとしていることと思います。本書は，保育学生としての学修をまとめ，いよいよ保育者として現場に出ていこうとする時期を迎えたみなさんのそばにあって，ともに課題を見つめ，課題解決に向けての建設的な歩みに寄り添いたいとの思いで編集され，「保育・教職（幼稚園）実践演習」という科目のテキストとして使用されることを想定しています。

　この科目が保育者養成教育課程の中に設けられた背景には，変化の激しい時代にあって，保育者に求められる資質能力を確実に身につけることの重要性が高まってきたことがあります。みなさんは，これまでの学修を通して，保育者は「子どもが好き」だけでは務まらない大きな責任と使命を帯びた仕事であることを学んできたことと思います。保育は，未来の社会をつくる子どもたちの人格形成の土台づくりに大きくかかわる使命をもつ仕事です。また，現代社会には，子どもの育ちや子育てをめぐるさまざまな課題があります。そうした使命や課題に応える保育専門職となるみなさんは，現場に出る前に，現在，獲得している保育者としての資質能力や知識・技能を確認するとともに，自分にとって何が課題であるか（自己課題）をしっかりと見つめる必要があります。そして，不足している知識・技能を補い，自己課題を克服していくための具体策を探って，今後の学びへの指針を立てることが大切です。

❏ 本書の特色

　保育専門職への学びのいわば総仕上げをめざす本書の特色は，次の三点にあります。

　まず第一に，目次を見るとわかるように，本書の主人公は「わたし」であることです。「わたし」とは，とりもなおさず，保育者になることをめざして学びを積み重ね，いよいよ現場に出ようとしているみなさん一人一人です。本書は，みなさん一人一人が，「保育者としてのわたし」として羽ばたいていく巣立ちを支えます。

　第二に，本書が「文章化」という作業を大事にしていることです。みなさんのなかには，文章を書くことが苦手な人も少なくないかもしれません。しかし，学内でも学外実習等でも様々な学びを積み重ねてきたみなさんは，文章化することの意味にたびたび気づかされてきたのではないでしょうか。見たり聞いたり感じたりしたことをそのままにしておかないで文章化することで，人は，学びを深めるとともに，多くの新たな気づきを得ることができます。本書の最終目標は，自己課題を明らかにし，文章化することにありますが，その目的は，「求められる保育者」に近づいていくために，自己の現状に対して，課題なら

i

びに課題解決への具体策をはっきりとさせ，今後の自己成長の指針とすることにあります。

　第三に，上記「文章化」の基礎として，グループ作業を重視していることです。自己課題の文章化には，自分を冷静にふり返るクールな視点が必要となります。グループ作業のなかで意見を交換し合い，さまざまな見方や考え方に触れることを通して，「わたし」をふり返る客観的な目をもつことができるでしょう。また，自己課題を明らかにするグループ作業では，現代社会で「求められる保育者」は，わたし一人だけの働きで完結するものではなく，ともに保育にかかわる他者との協働性において実現されていくものであることを，実感的に理解することができると思います。

☐ 本書の構成

　以上のようなことを共通認識として大切にしながら，本書は，保育者養成にかかわる多くの教員の力を合わせて作成されました。本書は4つの章から成っており，みなさん一人一人が，保育者になるために学んできた「わたし」の歩みをふり返って，現在獲得している保育者としての資質能力や知識・技能を確認し（第1章），現代社会における保育をめぐる諸課題を改めて学ぶ（第2章）中で，保育現場で「求められる保育者」にはどのような資質能力，知識・技能が必要なのかを考え（第3章），その上で最後に，「わたし」を深くふり返って，「保育者としてのわたし」の自己課題とその克服策の明確化，不足している知識・技能の補完（第4章）へと至る歩みに伴走します。各章の章末には演習課題が設けられており，最終目標に通じていくステップを一歩一歩上ることができるように配慮しています。みなさんが達成感をもって養成校を巣立ち，保育専門職としてのキャリアをスムーズに開始することに本書が役立つことを願っています。

　2017年5月

編者一同

新しい幼稚園教育要領，保育所保育指針，
幼保連携型認定こども園教育・保育要領の公示を受けて

❑ 新しい要領と指針への対応

　2017年3月31日，2015年から改訂（改定）に向けて検討されてきた新しい幼稚園教育要領，保育所保育指針，幼保連携型認定こども園教育・保育要領が告示されました。幼稚園教育要領，保育所保育指針は10年ぶりの改訂（改定），幼保連携型認定こども園教育・保育要領は3年ぶりの改訂です。3つとも，2018年4月1日から実施されることになっています。

　これら要領，指針は，それぞれ，幼稚園，保育所，幼保連携型認定こども園における教育・保育の骨格をなす教育課程，保育課程の基準となるものですので，その内容のリニューアルは，養成校卒業後，専門職として日々の教育・保育活動を行う皆さんの「保育者としてのわたし」に求められる資質能力，知識・技能の内容にも少なからずかかわってくることになります。

　とはいえ，これまでの学びのふり返りと自己課題の明確化に取り組もうとしているみなさんに伴走する本書としては，新たな枠組みに基づいた記述はなじまないと考え，本文においては，みなさんがこれまで学んできた旧要領，指針に基づいた記述をしています。また，第2章（わたしが「保育者」として向き合っていく現代的課題）や第3章（わたしがめざす「保育者」に求められるもの）の内容は，要領，指針の新旧を通じて変わらずに重視されているものと考えられますので，みなさんは，本書を通じて，学びのふり返りと自己課題の明確化にしっかりと取り組んでください。

　しかしその一方で，新要領，指針には，ここ3～10年間の時代的・社会的状況の変化，子どもや子育てを取り巻く環境の変化等を踏まえた新たな内容，また，今後の社会を見据えつつ就学前教育・保育のあり方の見直しと改革の実現をめざす新たな内容が盛り込まれていますので，注意も必要です。

❑ 新しい要領と指針の要点

　紙幅の都合で詳述することはできませんが，幼稚園教育要領の主な改訂の要点としては，①幼児期において育みたい資質能力の整理と評価のあり方，②幼児期の終わりまでに育ってほしい姿の明確化等が，保育所保育指針の主な改定の要点としては，①乳児ならびに1歳以上3歳未満児の保育に関する記載の充実，②保護者・家庭及び地域と連携した子育て支援の必要性等があげられており，幼保連携型認定こども園教育・保育要領改訂については，幼稚園教育要領ならびに保育所保育指針の改訂（改定）内容の共有と幼保連携型認定こども園として特に配慮すべき事項の充実が要点となっています。

　そして，「変化の激しい時代にあって，保育者に求められる資質能力を確実に身に付け

ること」の一助になりたいと願う本書の内容全体に関連すると考えられる，このたびの要領，指針の改訂（改定）の重要ポイントについて，ここでもう少し説明をしておきたいと思います。

その重要ポイントとは，誤解を恐れず端的にいってしまうとすれば，乳幼児期を生きる子どもたちの教育・保育を担う使命をもつ制度化された現場はすべて，小学校就学を迎える「幼児期の終わりまでに育ってほしい姿」を共有し，その時期までに「育みたい資質・能力」の育成に，これまで以上に組織的・計画的に取り組むべきこととされたことです。

乳幼児期を生きる子どもたちの教育・保育を担う使命をもつ主要な現場としては，今日の日本では，幼稚園，保育所（ならびにその他の児童福祉施設），幼保連携型認定こども園等があげられますが，各々の現場には，それぞれの社会的ニーズに応えて成立・発展してきた歴史的経緯があり，今日においてもまた，各々は，就学前の子どもに関する教育・保育ニーズの多様化に対応する役割を担っていることに変わりはありません。しかし，このたびの改訂（改定）が3つ同時に告示され，構成・章立てや用語，特に小学校への接続を見通した上記内容の共通化にこれまで以上の配慮がなされていることにも見て取れるように，多様なニーズを受ける各々の現場の特性に応じた役割を踏まえながらも，今後の社会を生きてゆく子どもたちに必要とされる「生きる力」の土台形成に対しては，共通の教育的使命を担っていることが明示されたわけです。みなさんには，本書を通して保育者としての学びの総仕上げをしていくなかで，このことにも改めて注意してほしいと思います。

本書では，以上のような改訂（改定）の要点に関して，現場に出る前にぜひともみなさんに知っておいてほしい事柄や伝えておきたいことの個々の内容については，本文の関連箇所に 注 をつけ，補足説明をするようにしていますので，ぜひ 注 にも注意してください。

目　次

はじめに

新しい幼稚園教育要領, 保育所保育指針, 幼保連携型認定こども園教育・保育要領の公示を受けて

■第1章■　　わたしが学んできたこと

① 大きなフレームからふり返る　2

② 保育者になるための理念を学ぶ科目　6
  1　教育原理…6
  2　保育原理…7

③ 子どもの心と身体の発達を学ぶ科目　10
  3　心理学…10
  4　子どもの食と栄養…12

④ 子どもの権利と福祉を学ぶ科目　16
  5　社会福祉…16
  6　社会的養護…18

⑤ 保育に関する方法を学ぶ科目　20
  7　健　康…20
  8　人間関係…21
  9　環　境…23
  10　言　葉…25
  11　表現（造形）…26
  12　表現（音楽）…28
  13　表現（体育）…29

⑥ 保護者支援を学ぶ科目　32
  14　教育相談…32
  15　家庭支援…34

⑦ 実践の場で学ぶ科目　38
  16　保育実習（保育所）…38
  17　保育実習（施設）…41
  18　教育実習…44

⑧ 授業以外で学んだこと　48

演習課題 1　保育者をめざすにあたって最も重要だと思うことを短くまとめよう　56

■第2章■ わたしが保育者として向きあっていく現代的課題

① 少子化が就学前保育・教育に与える影響 60

② 保護者の不適切なかかわりと保護者支援 62

③ 長時間保育と子どもの発達 68

④ 保幼小の連携Ⅰ——道徳性の視点から 71

⑤ 保幼小の連携Ⅱ——表現の視点から 75

⑥ 子育ち環境と子どもの運動能力 82

⑦ 子どもの生活環境と表現する力 86

⑧ 情報化社会における保育 91

演習課題2 現代的課題についてグループで討議し発表しよう 98

■第3章■ わたしがめざす保育者に求められる6つの指標

① 子どもへの尊敬と愛情のまなざし 104

② 多様性によりそう専門性 110

③ 保護者と子育てを共有する関係性 117

④ 子どもの権利と福祉を護る社会的意識 122

⑤ 子どもの力を伸ばす専門性と指導力 126

⑥ 子どもを理解し，社会化へと導く専門性 131

演習課題3 自己の保育・教育方法の課題を明らかにしよう1 138

演習課題4 自己の保育・教育方法の課題を明らかにしよう2 147

■第4章■ 保育者としてのわたしの課題を明らかにする

① 最終課題に向けて 158

② 自己を客観的に把握する 160

演習課題5 クラス調査をしよう。そして自己を客観的に分析し行動計画をつくろう 161

③ わたしの課題を文章化する 172

演習課題6 自己の課題を明らかにし文章化しよう 176

資　料 179
おわりに 189

> ■コラム　あなたの先輩からのメッセージ■
> 1　保育所の保育士：保育所から学ぶもの　14
> 2　幼稚園教諭：保育者の道を志すみなさんへ　36
> 3　児童養護施設の保育士：「大変そう」の先にあるもの　66
> 4　幼保連携型認定こども園：保育のすばらしさ　80
> 5　小学校：保幼小の連携　115
> 6　NPO活動と保育士：地域の場づくりにかかわる　170

本文イラスト：中村小雪
（大阪成蹊大学芸術学部）

第1章

わたしが学んできたこと

　第1章では，みなさん方のこれまでの学びをふり
返ります。特に，保育士資格・幼稚園教諭免許の取
得にかかわる専門的な科目について，その学修内容
の要点が何であったかを確認しましょう。この確認
作業によって，みなさん方の学修内容に対する理解
度が深化します。社会人として保育現場で働く際の
礎になるものが，学生時代の学びです。それぞれ
の科目の意義について改めて深く考えてみましょう。

① 大きなフレームからふり返る

◻ 保育者をめざして

　「わたし」は，いつからどのようなきっかけで，保育者（保育士，幼稚園教諭）をめざすようになったのでしょうか。さまざまな体験や環境などからの影響を受けたり，周りの人たちに相談したりしながら保育者への道を歩き始めたことでしょう。そして希望をもって現在の学校に入学した後，高校のときとは全く違う科目名や授業のあり方にとまどいがあったことと思います。しかしそのことは，保育者になるという夢に近づく過程として，新鮮に受け止められたのではないでしょうか。特に短期大学では 2 年間の学びとなり，幼稚園教諭の免許と保育士資格を取得することは並大抵のことではありません。科目や学ばなければならないことが多いために，学生生活の期間を有効にすごす工夫が必要です。

◻ 保育者の専門性

　「わたし」は，どんな保育者になりたいと思い描いているでしょうか。近年，家族や地域のつながり，子育て力，遊びや遊び方の変化等，子どもの育ちをめぐる環境は激変しつつあります。このような変化する社会において，幼稚園や保育所に対する期待は大きくなっています。したがって，子ども・保護者・地域から信頼される保育者として専門的立場を強く自覚することが大切です。幼稚園教諭，保育士，認定こども園保育教諭の役割については，授業の中で理論的に学んだり，実習で体験的に学んだりしてきました。子ども理解に基づく計画的な環境構成，保育者の援助のあり方，保育の方法について等，従来から重要視されていたことがあります。さらに，子育てをめぐる社会状況の変化に伴い，その役割は多様化しています。

　保育者に必要とされる専門的な知識・技術について，「保育所保育指針解説書」[1]では，次の 6 つの内容をあげています。

> 1　子どもの発達に関する専門的知識を基に子どもの育ちを見通し，その成長・発達を援助する技術
> 2　子どもの発達過程や意欲を踏まえ，子ども自らが生活していく力を細やかに助ける生活援助の知識・技術
> 3　保育所内外の空間や物的環境，様々な遊具や素材，自然環境や人的環境を生かし，保育の環境を構成していく技術
> 4．子どもの経験や興味・関心を踏まえ，様々な遊びを豊かに展開していくための知識・技術
> 5　子ども同士の関わりや子どもと保護者の関わりなどを見守り，その気持ちに寄り添いながら適宜必要な援助をしていく関係構築の知識・技術
> 6　保護者への相談・助言に関する知識・技術

　また，幼稚園教員の資質向上に関する調査研究協力者会議報告書「幼稚園教員の資質向上について──自ら学ぶ幼稚園教員のために[(2)]」では，「幼児理解・総合的に指導する力」「具体的に保育を構想する力，実践力」「得意分野の育成，教員集団の一員としての協働性」「特別な教育的配慮を要する幼児に対応する力」「小学校や保育所との連携を推進する力」「保護者および地域社会との関係を構築する力」「園長など管理職が発揮するリーダーシップ」「人権に対する理解」と，8項目にまとめています。

　「幼保連携型認定こども園教育・保育要領解説」においても保育教諭等は，子どもに多様なかかわりをもつことが重要であるとしています。

□ 学びのふり返り

　以上のことからも，保育者は多様な役割を担い責任ある役割であることが理解できます。専門職としての役割を担う保育者になるために，入学直後からの学修の全容をふり返ってみましょう。保育実践力を構成する要素としての専門教育科目は，**表1-1**の通りです（科目の名称などは，保育者養成校ごとに異なることもあります）。注1

□ 自ら学び続ける「わたし」

　カリキュラムには基礎教育科目，幼稚園教諭免許状関連科目，保育士資格関連科目，専門基礎科目があります。このような科目は，講義，グループワークや討議，ロールプレイなどさまざまな方法を用いながら学んできました。その中で，次のような保育者に求められる6要素について自覚ができたでしょうか。

表 1-1　専門教育科目

保育の本質・目的に関する科目	保育の本質に関する科目 福祉に関する科目 保育の目的に関する科目 教育制度に関する科目	○福祉・保育・教育の基礎を学ぶ（教育・保育の本質，目的を理解する） →教育原理，保育原理，社会福祉，社会的養護，相談援助，教育制度論，人権，憲法等
保育の対象の理解に関する科目	心理学に関する科目 保健学に関する科目 栄養学に関する科目 家庭支援に関する科目	○子どもの心理，健康，栄養，家族について学ぶ（子どもや保育をより深く分析し考察する） →発達心理学，臨床心理学，子どもの保健，子どもの食と栄養，家庭支援論等
保育の内容・方法に関する科目	保育の内容・方法に関する科目 乳児保育に関する科目 障害児保育に関する科目 養護・保育相談に関する科目 五領域に関する科目 情報処理に関する科目	○子どもとのかかわり方を学ぶ →教育課程総論，保育方法論，乳児保育，保育内容総論，障害児保育，保育相談支援，保育内容（健康・人間関係・環境・言葉・表現），情報処理，教育情報技術演習等
実　習	教育実習科目 保育実習科目	○習得した教育・保育のための知識・技術を実践に生かすための実習
総合演習	実践科目	○身体表現，体育，音楽，造形，ピアノ等
基礎的教養・技能		○子どもとのかかわりに必要な表現や文化を学ぶ（職業人としての基礎） →幼児教育教師論，保育者論，キャリアデザイン，文章表現法等

出所：筆者作成。

> 1　子どもへの尊敬と愛情のまなざし
> 2　多様性によりそう専門性
> 3　保護者と子育てを共有する関係性
> 4　子どもの権利と福祉を護る社会的意識
> 5　子どもの力を伸ばす専門性と指導力
> 6　子どもを理解し，社会化へと導く専門性

　社会人としての常識やマナーを基礎として，保育者として必要な専門知識と実技力が保育実践力を高めることにつながっています。今までは，保育者への夢を膨らませながら熱意をもって学修に取り組んできました。このような学修の全容を「履修カルテ」（免許や資格取得のため，種目すべての修得状況や課題達成状況を記入する履修記録）の活用と併せて整理しておきましょう。「わたし」の獲得したことや自己課題が明確になります。その課題を常に意識しながら，これまでの学びを集大成するように進みましょう。

□ 学びから実践力へ

　確かに，学んだ知識を実践力へとつなげるのは難しいことです。みなさん方

第1章　わたしが学んできたこと

と同じように，保育者をめざしてきた先輩方も悩んできました。たとえば，幼稚園教諭として働いている先輩は，「子どもが好きで，子どもはかわいい。ピアノも得意だし絵を描くのも楽しいと思って保育者をめざしましたが，実際にクラスを担当してみると一人ひとりの子どもをみることとクラスをまとめていくということに精一杯の毎日になってしまっていました。保育をすることに焦りがあって，ゆとりがありません」と語っています。このように，保育者として悩みをもち，"焦り"で"精いっぱいの毎日"を過ごしている先輩たちがいます。

しかし，保育者養成校での学修については，次のように語っていました。

「授業では，課題の文章を書くことが多かったし，保育案作成もとても難しかった。でも，今となっては役に立っているなと，いろいろなことを教えてもらっていたんだなあと気づきました。もっと勉強して，もっと子どもと遊んでおけばよかったです」

この先輩の言葉からもわかるように，現在のみなさん方の学びは，将来の実践力へとつながるものです。そもそも知識がなければ，実践で学ぶこともできません。保育現場に立ったときに，豊かな実践力を身につけるためにも現在の学びを大切にして欲しいと思います。

❏ 保育者になる「わたし」

現在は以前にも増して専門的知識や技能，そして，幅広い教養と豊かな人間性を備えることが強く求められています。幼稚園教諭や保育士，保育教諭は，技能や専門的知識，確かな実践力，そして豊かな人間関係力を備えた人材の養成がますます求められている現状があります。

今まで，保育者をめざしてさまざまな科目や実習，演習などを学びました。これからは，さらに具体的で実践的な内容になります。学びの再確認をしながら不足している部分を補う努力をしていきましょう。保育者養成校での学習内容を「保育実践」に結びつけて再構築し，実践力を高め，実践的力量へと昇華しておくことが必要です。学びを集大成して考えを深め，子どもにとっての存在，幼稚園・保育所の中での存在，社会的状況から求められる存在を意識して，保育する力を磨き続けることのできる力をつけましょう。

注1　平成30年度施行の改訂（改定）においては，たとえば，幼児の調和のとれた発達をめざすためにカリキュラム・マネジメントの機能を発揮することや，地域における子育て支援の機能を十分に果たすことなど，これまで以上に多岐にわたって求められる保育者の専門性について述べられています。そのため，保育者の専門性を担保するためにも，社会人になった後も研鑽を積むことが求められます。

5

保育者になるための理念を学ぶ科目

1 教育原理

◯ 教育原理の位置づけ

　教育原理は，保育者養成課程において必ず学ばねばならない科目として法律的に位置づけられており，保育士資格においては「保育の本質・目的に関する科目」の一つとして，また，幼稚園教諭免許にかかわっては「教育の基礎理論に関する科目」の一つとして，①教育の意義，理念・目的及び児童福祉等とのかかわり，②教育に関する歴史及び思想，基礎的な理論，③教育の制度，④教育実践のさまざまな取り組み，⑤生涯学習社会における教育の現状と課題等を学ぶ科目とされています。

　教育・保育の理念や本質・目的に関する知識と理解を深める科目として，みなさんは，教育の視点から，教育・保育の目的，内容，方法，経営，制度，行政などの基本原理を学ばれたことと思います。保育という営みには常に，養護の視点と教育の視点が含まれていますが，教育原理は，保育という営みを構成する教育の視点について，その基本原理を明らかにしようとする科目なのです。

　保育者になるための学びを積み重ね，さまざまな知識・技能，実習等での実践経験を積まれてきた今，そうした基本原理の重要性に対する認識や理解も深まっているのではないでしょうか。万能のマニュアルや正解がなく，そのつどの状況の中で適切な判断を求められる保育者の心構えを支えてくれるのは，教育・保育という営みの基本原理に対する理解ではないかと思います。現場に出る前に，教育原理という科目で学んだことを，改めてふり返ってみましょう。

◯ 教育の目的・理念と視点

　教育の目的・理念は「教育基本法」に示されており，「人格の完成を目指し，平和で民主的な国家及び社会の形成者として必要な資質を備えた心身ともに健康な国民の育成を期して行われなければならない」（第1条）とされています。人格の完成は，国民一人一人が各々の生涯において主体的に追求していくべきものですが，そのための基礎が培われるのは乳幼児期です（「教育基本法」第11条）。乳幼児期における教育・保育は，「子どもが現在を最も良く生き，望ましい未来をつくり出す力の基礎を培う」（「保育所保育指針」第1章総則3—㈠保育の目標）注1 ために行われなければなりません。子どもの現在によりそい，その

第1章 わたしが学んできたこと

安定と充実をめざすのが主に養護の視点であるとすれば，望ましい未来を見通しながら未来をつくり出す力の基礎を培うことに計画的に取り組もうとするのは，主に教育の視点であるといえるでしょう。

　そうした教育の視点は，子どもに関する諸科学が成立・発展するよりはるか以前から，教育思想の歴史の中で深められ，理論化されてきました。そこには，乳幼児の人格としての尊厳性を認め，生涯にわたる人格形成にとっての乳幼児期の重要性を訴え，乳幼児教育の方法論について考えをめぐらせてきた思想家たちの歩みがありました。その土台の上に，未来をつくり出す力の基礎づくりのためには，生涯発達から見て必要とされる体験が得られるように配慮する，環境を通して行う教育・保育が重要であるという，今日の教育・保育を支える基本原理が確立されるとともに，施設・設備，制度的な面においても発展がなされてきたことを，みなさんは学んだことと思います。

☐ 生涯学習社会における教育の現状と課題等

　こうした学びを通して，みなさんは，教育の理念・目的，思想，歴史，理論の背景に，過去に生きた人々の，人間や社会のあり方に対する願いや時代の課題に向き合う姿勢を感じてきたのではないでしょうか。今日における教育制度，教育実践のさまざまな取り組み，生涯学習社会実現に向けての歩みの根底にも，そうした願いや姿勢に基づいて，生涯にわたる生きる力の基礎を培うことをめざした人間形成に取り組もうとする構想があります。注2

　みなさんは，歴史のバトンを受け継ぎながら現代社会の課題に向き合い，生涯にわたる人格形成の基礎づくりに携わる専門職として仕事をすることになります。注3 現代に生きるわたしの足場を確認するためにも，就学前から高等教育までの教育制度，生涯学習社会の理念，教育実践のさまざまな取り組みに関する学びをふり返り，充分に理解しておきましょう。

2 保育原理

☐ 保育原理で学ぶこと

　保育原理は，養護と教育との一体的営みとしての保育を追求・実践してきた保育所保育の原理を学び，保育の本質・目的について理解することを目的とする科目です。保育所保育指針の「第1章総則　3保育の原理」において，保育所保育の基本となる「保育の目標」「保育の方法」「保育の環境」について説明されていますが，本科目では，そうした基本原理について充分な理解を獲得し，その他の保育科目の学びへと発展する基盤を築くことをめざします。注4

❏ 保育するということ

　人間の子どもは，ポルトマンの言う「生理的早産」，未熟な状態で生まれてきます。だからこそ，愛情をもって大切に育てられ，保護や世話，養育を受けなければならないということをみなさんは学んだことと思います。保育は，子どもを健やかに育てる営みであり，子どもの心も頭もそして身体も健やかに育てるということでしたね。前者を養護，後者を教育とするならば，養護と教育の二つが合わさって保育が成り立つといえます。特に生まれて間もない乳児から預かり保育を行う保育所の生活全体の中では，養護と教育を切り離さず丸ごと一体ととらえ，保育をしていくことが求められることを学びました。注5

❏ 子どもの理解と保育

　子どもを理解することは，子どもをよく見ることから始まると言われます。同じ子どもを見るにしても，保育者の見方によって子どものとらえ方が変わってきます。子どもの活動を温かい気持ちで共感し受容して見る目（まなざし）と問題のある行動ととらえて見る目があります。保育者が，子どもの活動には意味があることを意識し，その意味を探っていこうとすることで子ども理解が深まります。子どもを正しく理解するために，保育所保育指針「第2章　子どもの発達」に説明されている乳幼児期の発達の特性や発達過程の把握が必要であることをみなさんは学んだことと思います。注6 この学びを 礎 （いしずえ）にさらにみなさんは，子どもにはそれぞれの発達過程で，必要とされる経験となる活動があること，子どもがその活動に主体的に取り組みたくなるような保育環境を計画的に構成する重要性についても学びました。

　また，子どもの発達は直線的ではなく，行きつ戻りつしながら，その子どもなりの発達の足どりがありましたね。一人一人の子どもが，制作やごっこ遊びを楽しんだり，集団で遊ぶことの楽しさを身につけていく道筋は，みんな一緒ではないことも学びました。

　保育者は，子どもの一人一人をよく見て，個別の発達過程を十分に把握し保育をすることが求められていることを改めて確認しておきましょう。

❏ 保育の歴史

　保育の歴史は，諸外国の保育の思想と歴史と日本の保育の歴史で見ることができます。歴史を学ぶことを通してみなさんは，古代から近世までの時代は，子どもを「子ども」として認識する見方は存在せず，大人を基準とした見方がされていましたが，近代になり子どもからの視点で子どもをとらえようとする児童中心主義の考え方が形成されていったこと，その考え方が日本の保育・教育に大きな影響を与えたことを学びました。日本の保育は，明治期より先達の保育理論と実践をもとに紆余曲折を経て平成になり，子どもの視点から遊びを

第1章　わたしが学んできたこと

中心とする子どもにふさわしい保育をめざし続けていることも学びました。

▢ 保育の制度と現状，これからの課題

　社会の変化により，保育施設は幼稚園・保育所に幼保連携型認定こども園や小規模保育施設等が加わり種類が増えています。保育施設での保育ニーズも多様化し，預かり保育や延長保育は定着していますし，特に乳児保育の要望は根強いものがあります。また休日保育，一時保育，病児・病後児保育，夜間保育とそのニーズはさらに広がっています。ともすれば親のニーズばかりが強調される今，保育者は，子どもの発達ニーズをきちんと押さえ，第一に子どもの視点から，第二に子育てをしている親の側から保育を考えなければならない立場にあることを理解しておきましょう。

注1　平成30年度施行の保育所保育指針では，第1章総則1－（2）に書かれています。

注2　平成30年度施行の幼稚園教育要領，保育所保育指針，幼保連携型認定こども園教育・保育要領では，乳幼児期において育みたい資質・能力ならびにそれら資質・能力が育まれた具体的な姿としての「幼児期の終わりまでに育ってほしい姿」を表す共通の内容が「総則」に明示され，社会において自立するために「身に付けておくべき力は何か」という観点の共有が求められています。乳幼児期を通して育むことが求められている資質・能力（「知識・技能の基礎」「思考力・判断力・表現力の基礎」「学びに向かう力・人間性等」）は，「生きる力」として重視される「確かな学力」の3要素（知識・技能，思考力・判断力・表現力，学習意欲）につながっており，乳幼児期からの一貫した教育の視点を通して，組織的・計画的・体系的に「生きる力」を育んでいこうとする構想が示されています。

注3　平成30年度施行の幼稚園教育要領，保育所保育指針，幼保連携型認定こども園教育・保育要領では，生涯にわたる人間形成の基礎が形成される乳幼児期の重要性が，最新の調査・研究成果に基づいてこれまで以上に意識されており，乳幼児の身体的・社会的・精神的発達を援助する専門職としての保育者には，現代的課題への対応と研修や資質向上への取り組みが求められています。

注4　平成30年度施行の保育所保育指針においても，「第1章総則　1保育所保育に関する基本原則」として明示されています。

注5　平成30年度施行の保育所保育指針においても，保育所における保育は，養護と教育が一体となって展開されるものであると一層強調されています。

注6　平成30年度施行の保育所保育指針においても，乳幼児期の発達の特性は，「第2章　保育の内容」の中で，基本的事項として保育者の乳幼児へのかかわり方も含めてまとめられています。

3 子どもの心と身体の発達を学ぶ科目

3 心理学

　子どもの育ちは，私たちに感動を与えます。久しぶりに会った子が歩けるようになったり，頻繁に手を出していた子が我慢できるようになったりします。日々変化する子どもの心身の発達を保育者としてより深く理解するために学んできたのが心理学です。この科目は，障害のある子も含め子どもの心身発達と学習の過程について理解することをめざしています。

🔲 発達や学習に関するさまざまな理論

　赤ちゃんの微笑の謎。子どもが見立て遊びをはじめる時期。これまで心理学を学ぶことで，子どもの言動の意味や変化のプロセスがより明確に見えてきたと思います。保育所保育指針等には，おおむね何歳でどのような発達過程をたどるかが示されていますが，これらの考え方の基礎にも心理学理論があります。心理学は，どのような保育・教育を行うかを考える上で大変重要なものであるといえるでしょう。

　失敗や葛藤を繰り返しながらも，日に日に成長していく子どもたちに向き合う保育者は，その心身の発達のプロセスをしっかりと理解し，発達に即したかかわりをする必要があります。たとえば，ヴィゴツキーの「発達の最近接領域[3]」という考え方をご存じでしょうか。保育者が子どもの現在の姿を把握し，この領域に働きかけるような絶妙なかかわりをしていくことで，子どもは自ら持っている種を育て開花させていきます。といっても，なんとなく観察するだけでは子どもを理解することはできないでしょう。そこで，一つの手がかりを与えてくれるのが，表1-2に示したような心理学の諸テーマに関する理論です。各項目について，どれくらい知識が身についているでしょうか。子どものいまを深く理解し，これからの発達の道筋を見通すために，ぜひ応用してほしいものです。

　ただし，理論に子どもを当てはめコントロールしようとしても，きっとうまくいきません。仲淳は，はかり知れない可能性をもった子どもを，自然になぞらえています[4]。人間が自然にかなわないように，子どももこちらの意図をはるかに超えて，それ自体の論理で動いている「生きているいのち」。保育者は子どもに影響を与えますが，子どもも保育者に大きな影響を与えてくれます。保

第1章　わたしが学んできたこと

表1-2　発達や学習に関する心理学で取り上げられる主なテーマ

発達段階・発達課題	記憶や学習，動機づけ（やる気）のメカニズム
身体や運動機能の発達	社会性の発達（道徳性や遊びの発達，仲間関係など）
認知の発達	親子関係や家族関係（愛着，きょうだい関係など）
言語の発達	教授・評価法
感情の発達	パーソナリティと適応

出所：筆者作成。

育者が，自分と子どもの関係性を見つめ，日々新しい発見をしていくことも，実践的な心理学であるといえるかもしれません。

　また，子どもの発達は，遺伝と環境の両方が相乗的に影響を与え合い促されますが，子どもは単に環境から影響を受けるだけでなく，自ら周囲に働きかけ環境を変化させる力をもっています。環境とかかわり合いながら変化する過程は，大人になっても一生続きます。生まれてから死に至るまで人生すべてにおける複雑な変化を考える「生涯発達」の観点をもちながら，その一部である子どもの育ちをとらえていくことも保育者には求められています。

□ 障害のある子どもの理解と対応

　保育現場では，さまざまな「気になる子」に出会うことがあります。言葉がなかなか出ない子，突発的な行動に出てしまう子，友達とのかかわりが少ない子……。こうした子どもたちの中には，知的障害や自閉症スペクトラム障害，AD／HD，学習障害など発達障害の診断を受ける子もいます。保育者がこれらの障害について基礎的な知識をもつことはもちろん重要ですが，障害名でラベリングするのではなく，一人一人の個性を充分に理解し，その子なりの育ちを尊重することが何より大切です。保育者は，先に述べたような心理学の諸理論もふまえつつ，認知機能やコミュニケーション能力などその子がどこにつまずきやすいのか，どのような困り感を抱いているのかを，細やかに理解していかなくてはなりません。さらに，家庭との連携はもちろん，専門機関との連携，子ども集団の中でともに成長していく存在として認めあう土壌を作っていくことも重要です。注1

4 子どもの食と栄養

❏「食」の大切さ

「子どもの食と栄養」は，保育士養成科目として置かれていますが，幼稚園教育要領や幼保連携型認定こども園教育・保育要領における「健康」や「環境」においても，「食」は，生活や遊び，自然などと深いかかわりをもつ領域として位置づけられています。注2 みなさんにとって「食」は身近なものであり，自分自身の食生活と重ね合わせて学修されてきたと思います。

「食」は生きることそのものですので，そこからの学びは多岐にわたります。食べることによって身体をつくり，家族や仲間と一緒に食を囲むことによって，心を育てることができます。食べるだけではなく，食材である野菜や果物を育てることによって「いのち」の尊さや面白さを学び，食材を調理することによって，食の科学を知ることもできます。また，食を充足するためにみんなで知恵を出し合い力を合わせることは，連帯感を生み出し，協同意識を育てることもできます。

そして，日々の「食」をみんなで経験し，学び合うことの楽しさや重要性を知ることは，自己の健康管理の意識化と同時に，クラスづくりや仲間づくりに役立つことも，みなさんは，「子どもの食と栄養」の学修を通して，再認識されたことと思います。

❏「食」における保育者の役割

では，保育者としての「食」は，どのような役割をもつのでしょうか。保育者は，栄養士や調理員とは異なった立ち位置で「食」にかかわります。実際に調理をしたり，献立を作ることはありませんが，食が健康な生活の基本であることの認識をもつこと，栄養に関する基礎知識をもち備えていること，子どもの発育・発達と食生活の関連について理解していること，が求められます。そして，保育所保育指針によると，保育者が働きかける対象は，「子どもたち」「保護者」「地域」という3つが示されています。注3

❏ 子どもたちへの働きかけ

保育者は毎日子どもたちと食をともにします。保育実習では，朝のおやつ，昼食，午後のおやつなど子どもたちと一緒に食を囲んだと思います。食が細い子ども，遊びながら食べる子ども，好き嫌いの多い子どもなど，きっとみなさんは実習中，苦労したことでしょう。保育所における食育とは「食」を通した子どもの健全育成が最終目標であるので，食は楽しいもの，大切なものであることを，日々の生活の中で子どもたちに伝えることが重要になってきます。そ

第1章　わたしが学んできたこと

のために，たとえば，食事中の声かけや，食べものかるたや紙芝居などの教材を活用して，食，生活，遊び，保育を結びつけ，一体化した取り組みが，保育所における「食育」であることを具体的に学んだと思います。

☐ 保護者や地域への働きかけ

　保育所や幼稚園でのアレルギーなどの配慮を要する子どもの食を護（まも）ることは，保育者にとって，子どもの生命に直接関わる重大な役割です。これらについては，保育者自身の意識や知識はもちろんのこと，保護者と連携することが不可欠であることを学びました。問題を抱える子どもを育てる保護者のしんどさを理解し，共有することの役割もまた，子どもの食を健全に育成することにつながっていくのです。「保育相談援助」などの他の科目で学んだスキルや知識を，食における保護者支援でもぜひ活用してもらいたいですね。

　また，栄養面の知識にあまり関心のない保護者のために，保育者が子どもの健全育成を目的として，わかりやすく指導することも求められます。日々の連絡帳を活用したり，「食育便り」の作成，配布によって，保護者の食への関心を喚起することも，方法として学びました。

　食は生活の基本であるので，生活の基盤である地域の食に関心をもつことは，地域全体で食育に取り組むことにつながります。食育を通して地域の人たちと交流することによって，さらに，家庭や子どもたちは，食に興味や関心を抱くようになります。保育者には，その「つなぎ役」としての役割があることも再確認してほしいと思います。

|注1| 平成30年度施行の要領，指針においても，障害のある幼児の指導にあたっては，家庭や関連機関と連携して指導や支援のための計画を個別に作成することなどにより，個々の幼児の障害の状態などに応じた指導の工夫を計画的，組織的に行うことが強調されています。

|注2| 平成30年度施行の要領，指針においても，「健康」「環境」領域における「食」は，食への興味や関心，自然とのかかわりの大切さなどの視点でまとめられています。

|注3| 平成30年度施行の要領，指針においても，食育は保育所保育の重要な要素として養護・教育の面から位置づけられており，保護者や地域の多様な関係者との連携，協働の下での取り組みが一層強調されています。

〔コラム1〕

保育所の保育士：保育所から学ぶもの

私は北海道，横浜，大阪などの公私立の保育所にて，保育にかかわる仕事を20年ほど行ってきました。

■ 保育所での保育士の仕事

保育所では，0歳児から小学校入学までの子どもを預かります。なかでも産休明け保育を受け入れる施設では，まだ首のすわらない生後57日からの乳児も預かります。職場まで距離が遠い場合や，残業が多い仕事に就いている保護者には，延長保育を利用してもらい長時間にわたり子どもを預かります。その間，保育者は，大事な子どもの命を護り，子どもが安心できる場所となるよう保育を行います。

また保護者は，仕事と育児による疲れ，夜泣きによる慢性的な寝不足など，初めての育児に悩むことも多く，保育所は保育者が保護者からの相談を受ける場所にもなります。

■ 子どもたちや仲間に教えられる

保育者になり産休明けの担任となってすぐの頃でした。「自分は保育者に向いていないのではないか。仕事を辞めたい」と思ったことがありました。理由は赤ちゃんを寝かせつけられないことでした。今から思えば，初めて抱く赤ちゃんに緊張してしまっていたのです。他の保育者が抱くと赤ちゃんは寝るのに，私が抱くと真っ赤になり，

のけ反り，泣き出してしまいます。このような日々がしばらく続き，私が泣きたい気持ちになってきました。

そんな時先輩の保育者が子守唄について「子守唄は子どもを育てるために唄うものだけど，実は唄っている人を育てる唄なのよ」と話をしてくれました。それ以降，赤ちゃんを抱く際に，ゆったりした気持ちで好きな子守唄を唄うように意識しました。すると，初めは泣いていた赤ちゃんが泣き止み，私の唄の揺れに瞼を閉じたり，開いたりし，やがては眠りに就いたのです。この時のうれしさは今でも忘れません。そして心から子どもを愛おしく想うようになったのです。

保育所での保育は決して保育者が一人でするものではありません。先輩や同僚，後輩といった仲間と協働して行います。時として悩むことや心が折れそうなこともあります。しかし仲間と協力して助け合うことで，よりよい保育が可能となり，保育者自身も成長していけるのです。

■ 子どもの可能性を信じて

私たち保育者は，専門的知識をもち，一人一人の大切な命を守る重要な役割を担っています。子どもたちの生育歴や発達過程を理解し，子どもの心を読み取り，心に寄り添い，認め，ほめ，励ましていく必要があります。

第1章　わたしが学んできたこと

保育には時間がかかりますが，子どもは必ず少しずつ成長していきます。小学校入学までに，しっかりと子どもに「人とかかわり生きていく」基礎を作らなくてはなりません。そして，保護者を支援していくことが大切な保育の仕事です。

今，夢に向かって頑張っている学生のみなさん，保育は決して楽しいことばかりではありません。しかし，保育者はたくさんの子どもたちと出会い，向き合う中で，子どもたちから多くの喜び，楽しさ，感動をもらうことがたくさんあります。そしてさまざまな保護者とも出会うこととなります。その一人一人との出会いが素敵なものとなるために，保育の専門的知識を学び，自分自身の人間性を磨いていってほしいと思います。

（樋口奈生）

❗この本をすいせんします❗

津守真（1997）保育者の地平．ミネルヴァ書房．
―― この書籍は，保育現場での12年間を記録したもので，筆者が現場に身をおいて発見したこと，考えつづけてきたことが細かく描かれています。心に残る言葉がたくさんあり，保育に携わる中で励まされる一冊だと思います。

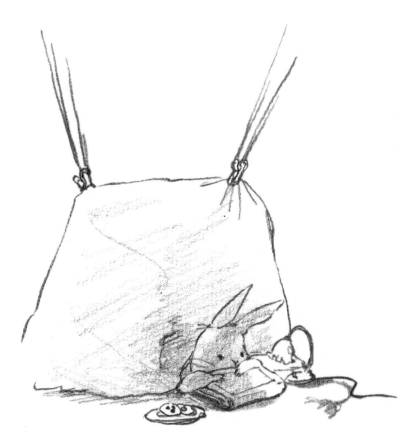

4 子どもの権利と福祉を学ぶ科目

5 ▶ 社会福祉

❑ 社会福祉を学ぶ意義

　「保育者は社会福祉の専門職です」と最初の授業で聞かされ，認識を新たにした人も少なくないのではないでしょうか。

　社会福祉は，私たちの日々の暮らしに深く結びついているにもかかわらず，あたりまえに身近にありすぎて意識できていないものでもあります。そのような中で社会福祉援助職として保育者をめざすみなさんは，子どもの権利擁護や福祉を護り，家庭支援という視点においても，社会福祉の法体系，全体を把握し学びを深める必要があります。

❑ 社会福祉の理念

　一般的に社会福祉とは，生活上何らかの支援や介助を必要とする子ども，高齢者や障害者，また生活困窮者などに対して生活の質の維持や向上のために社会的サービスを提供することやそれに関する取り組みを指します。また，狭義においては，法律や政策上社会的ハンディキャップをもった障害者やひとり親家庭などへの公的な支援を行う制度を指し，社会保障の一分野の社会扶助として位置づけられ公的扶助，社会手当，各サービス（児童家庭福祉，母子寡婦福祉，障害者福祉，老人福祉等）に分類されます。

　新たな社会福祉の理念としてウェルビーイング（well being）があります。これは保護という側面は当然のこと「個人の権利や自己実現が保障され，身体的・精神的・社会的に良好な状態」を意味します。従来の理念はウェルフェア（welfare）であり，これは「事後的，補完的，代替的な状態」を意味しており，保護の意味合いが強くありました。その対概念として前出のウェルビーイング（well being）が近年改めて見直され社会福祉の新しい理念となりつつあります。

　さらに，社会福祉において大切なことは，基本的人権の尊重です。「日本国憲法」第11条には，国民すべてに基本的人権が保障されるとあり，同第25条には，「すべて国民は，健康で文化的な最低限度の生活を営む権利を有する」と謳われています。

　そして，次にあげておくべきは自立支援です。これは，国連の国際障害者年（1981年）に掲げられた障害に対する支援の考え方が「助けるもの」から「自立

第1章　わたしが学んできたこと

を支援するもの」へ大きく転換されたことにより，今日の社会福祉法制度の体系が自立支援の目標の下に整備されてきました。

　また，これからの社会福祉のあり方は参加と共生にあるといっても過言ではありません。これから保育者となるみなさんは，ノーマライゼーション（障害のある人もない人も，互いに支え合い，地域で生き生きと明るく豊かに暮らしていける社会を目指す考え方）やソーシャルインクルージョン（社会的包摂）という新しい理念の実現に向けて，これからの社会福祉が創造していけるよう実践に努めていかなければなりません。

□ 社会福祉の課題──保育者の果たすべき役割

　最後に社会福祉の課題における保育者の果たすべき役割を考察します。社会福祉の課題は核家族化，少子化，子育て支援，子ども虐待，高齢化，ひとり親家庭，貧困と生活保障，医療費や年金などの社会保障費など枚挙に暇がありません。子どもたちの最善の利益を護るためには，保育者がこのような社会背景の下で，家庭が苦しい状況にあることを理解すること，そして，苦しみに喘いでいる家庭によりそいながら社会の資源につなぐ支援をしていくことが求められます。

　保育者の家庭支援が明日の子どもたちの笑顔や安心につながるのです。きっとみなさんは，このようなことが求められている現実を，現場で肌で感じることでしょう。社会福祉援助職として子どもにまつわるすべてのことがらが支援につながると理解し，いくつもの問題が複雑に絡み合っている課題にどのように取り組んでいくことができるかソーシャルワークの視点をもって包括的な支援を行っていく必要があります。

　みなさん保育者は，現場の社会福祉の担い手の一員として，生活支援とともにさまざまな課題解決に向けたケースワークにもその役割を求められており，絶えず社会福祉の最前線にいるという自覚をもち仕事にあたっていくことが重要です。

6 社会的養護

❏ 社会的養護を学ぶ意義

　社会的養護は，社会福祉にあって児童家庭福祉の一分野として位置づけられ，子どもの養護に係る支援を指します。「保育実習Ⅰ」の実習施設の中にも社会的養護の児童福祉施設（乳児院，児童養護施設等）があり，保育者として子どもの生活の中での社会的養護を学ぶことは，施設保育士としてでなくとも保育に携わるうえにおいて大きな意義があったことを確認することができたと思います。

❏ 社会的養護における支援

　社会的養護とは，保護者のいない児童（児童福祉法では，「児童とは，満18歳に満たない者」と定義されています）や保護者に監護されることが適当でない児童を公的責任で社会的に保護し，家庭に代わって児童を養育し，養育に困難を抱える家庭の支援にあたることです。大きく家庭養護（里親，ファミリーホーム，自立支援ホーム）と施設養護（乳児院，児童養護施設，児童心理治療施設，児童自立支援施設，母子生活支援施設，児童家庭支援センター）に分けられ，子どもや保護者に対して児童憲章や子ども権利条約の理念のもと児童福祉法にもとづき子どもへの支援が行われています。

　児童福祉施設（以下，施設）での支援は，基本的人権の尊重のもとで，子どもが心身ともに健全に発達し自立した社会人として生活できるよう支援がなされます。また，子どもが安心して暮らすことのできる環境の中で，大人との愛着関係の形成を基本としてさまざまな人間関係を育みながら，子どもの意志を尊重し，生活支援・自立支援が行われます。

　みなさんは施設実習を行い，施設の役割や機能についてどのように感じ，理解することができたでしょうか。家庭代替としての施設養護を知ることは親・家族，家庭の役割を改めて考える契機になったのではないかと思われます。

　施設の入所児童の大半を占める被虐待の子どもたちは，安心感や自信を獲得することが困難な環境の中で育ってきました。そのため，施設養護においては，安心できる場所で大切にされる体験を通して，子どもたちに自己肯定感や主体性を育成することが重要です。生活における個別化とともに，信頼できる大人モデルを示し，日常生活において，試行錯誤できる場や幅広い体験を積み重ねる機会を提供することが必要です。連続性・継続性・一貫性のある生活と人間関係を保障することにより安心感と信頼感，自尊感情の醸成がはかられるのです。

　みなさんは，実習に行く前と後で施設や子どもたちのイメージはどのように

第1章　わたしが学んできたこと

変わりましたか。また，実際に子どもたちと接してみて，試し行動をする子どもが多くいたと思います。なぜそのような行動をとるのか，そしてその虐待を受けた子どもたちへの治療的回復の支援（育て直し）や施設養護の実際について理解することはできたでしょうか。

　さらに，子どもの養育にあたっては，子どもと親・家族との関係にかかわることが不可欠であり，親子・家族関係の調整や支援が必要となります。これらは，児童福祉に特有の機能であり，複雑で高度なソーシャルワークが求められます。そのため児童相談所や関係機関との連携のもとで総合的な支援とするためにはソーシャルワークの視点が欠かせません。

◻ 社会的養護における保育者の役割

　施設での生活において保育者は，個人の尊重，心身の発達支援，家族や社会との関係育成のなどの原則にもとづき，他職種の職員と連携して安全で安心できる生活環境を整備し，自尊感情を高めることができるような大人との愛着や信頼関係の構築，他の子どもとの人間関係の育成，教育・学習権の保障，友人・地域社会との交流，保健・医療の保障，家族再統合に向けた家族支援，社会的自立支援，アフターケアなどを中心にソーシャルワークの視点で支援にあたっていかなければなりません。

　保育者に求められるのは，家庭代替としての役割です。何より子どもとの良好な関係づくりが重要です。ただし，障害をもった子どもや多くの被虐待の子どもたちとの愛着関係の再形成や信頼関係の再構築は容易なものではありません。しかし，このような施設での実習体験は，みなさんにとって今後の児童福祉施設や幼稚園などでの就労において，子どもとの関係づくりやさまざまな支援においてきっといかされることでしょう。

5 保育に関する方法を学ぶ科目

7 健　康

　保育内容「健康」は，保育内容を構成する5領域のうちのひとつであり，保育内容に関する理解を深め，またその指導法を学ぶ科目として必修となっています。これまでに学んだ領域「健康」に関する内容をふり返ることを通して保育者の役割や期待されていることについて再度確認し，必要な心構えについて考えてみましょう。

☐ 健康な生活リズム

　乳幼児期は，健康な生活リズムを身につける大切な時期であり，また身の回りを清潔にしたり衣服の着脱・食事・排泄など生活に必要な活動に関して自立したりしていく重要な時期でもあります。そこで，健康な生活リズムを身につけるための重要な要素について考えてみましょう。

　① 食　事

　食事は，日中の活動意欲や体調に大きな影響を与えます。また食事は体温とも関連しており，朝食を食べない場合，低体温に陥り免疫機能にも悪影響を及ぼすことが懸念されます。そして乳幼児期の食事は，栄養摂取の目的にとどまらず，その後の食習慣（好き嫌いやマナー等も含め）にも影響を及ぼします。子どもの食べ物に対する嗜好や「食」に関する興味・関心は，近くの大人の影響を強く受けるため，毎日一緒に食事をする保育者の食事に関する知識や「食」に対する考え方が非常に重要であるといえます。

　② 睡　眠

　睡眠は，人間にとって大切な役割を担っています。たとえば身体の疲労回復・ホルモンの分泌・老廃物の除去・記録の整理など，睡眠が体に及ぼす影響は多岐にわたります。幼児期にはノンレム睡眠の割合が最も多いとされ，このときに脳下垂体から成長ホルモンが大量に分泌され，子どもの骨や筋肉を成長させることがわかっています。しかし現在は，生活状況により就床時刻が遅い幼児が増えてきており，充分な睡眠時間を確保できていない子どもが多いとされています。幼児期の睡眠に関しては，親の理解が非常に重要です。そのため保育者は，保護者が睡眠の重要性について理解を深められるよう促していくことが大切です。たとえば入園説明会や行事の際，あるいは日頃の配布物等にお

いて，睡眠の重要性について頻繁に取り上げたり，子どもの登園時や降園時に睡眠状況について日頃から保護者と情報を共有したりしていくこともよいでしょう。

③ 運動（遊び）

幼児期の遊びは，身体の発育のみならず心の発達や社会的スキルの獲得という観点からも非常に重要であることがわかっています。幼児期の心身の発達段階を考えると，積極的に戸外で多種多様な遊びを経験し，また自然の中で遊ぶことを通して五感を刺激することが望ましいといえます。しかし最近は，保育者自身が幼児期の自然遊びや伝承遊びの経験が乏しいことにより，子どもたちにさまざまな遊びを伝えたり，また体を動かすことや自然にふれ合ったりすることの楽しさについて，伝えることが難しくなってきているといわれています。したがって保育者を目指す上で，遊びのレパートリーを増やし，いろいろな遊びの特徴を理解しておくことが大切です。

❏ 保育者に期待されていることと必要な心構え

保育者は，子どもの発達や生活習慣などに関する具体的な知識やさまざまな指導に関するスキルについて修得しているものと，社会から期待されています。また子どもの個性を理解し見守り支えていくためには，保育者自身が豊かな感性と創造力をもち合わせていることが求められます。そのため，保育者になってからも日々いろいろなことに対して関心をもち，チャレンジすることを通して創造性を養い，感性を磨くことが大切です。保育者は乳幼児期の発達段階における観点からも，非常に重要な時期に毎日乳幼児とかかわるため，その後の子どもの人間形成に大きな影響を与えます。保育現場に立つ前に，これらのことについて，しっかりと再認識しておきましょう。

8 人間関係

❏ 領域「人間関係」のねらい

人間関係が希薄になってきているといわれる現代でも，現在を生きる子どもたちは社会からさまざまな影響を受け，多様な人とのかかわりをもちながら生活しています。保育者は，さまざまな家庭で育っている子どもを受け入れ，子どもや保護者との信頼関係を十分に築きながら，子ども自身が安心して活動を豊かに展開できるように，保育の環境を大切に創造していく専門職だということを学んできたことと思います。

幼稚園教育要領，保育所保育指針，幼保連携型認定こども園教育・保育要領における領域「人間関係」では，「他の人々と親しみ，支え合って生活するために，自立心を育て，人とかかわる力を養う」（幼稚園教育要領，保育所保育指針，

幼保連携型認定こども園教育・保育要領）というねらいが達成できるように，以下のことを内容として学修してきました。注1

1　生活を楽しみ，自分の力で行動することの充実感を味わう
2　身近な人と親しみ，かかわりを深め，愛情や信頼感を持つ
3　社会生活における望ましい習慣や態度を身につける

　具体的な保育内容については，各園のカリキュラムに沿った指導計画が作成されていますが，保育者は，乳幼児期特有の発達特性を理解したうえで，子どもや子ども集団につけさせたい力を，子どもたちにとっては「遊び」という形になるように，環境を準備します。そして，その「遊び」は，さまざまな領域が複合的に絡み合っているのですが，領域「人間関係」では，身近な大人とのかかわりや，子ども同士のかかわり，道徳性の発達や社会性の発達や協調性などが養われることを目的としています。集団生活だからこそ，集団の中の個を大切にする保育や，集団全体におけるさまざまな人間関係のあり方について学んできたと思います。

❑ 身近な大人との1対1のかかわりから子ども同士のかかわりへ

　乳幼児期における人とのかかわりの道筋を概観すると，まず最初に月齢に応じて追視，社会的微笑，人見知りが見られたりするようになります。また，1歳あたりには初語，指差しが見られるようになります。2歳頃になると，葛藤を経験することになります。これは自我の芽生えであり，自分の思いがすべて受け入れられるわけではないということも経験します。

　3歳前後には，子ども同士のかかわりが多く見られるようになります。しかしまだ3歳前後ぐらいでは自己主張のぶつかりあいが見られ，友だち同士で仲良く遊ぶためには，ルールを守ること，そしてそのルールの変更は状況によって変化させる必要があることを気づかせることも，保育者の役割であることを，みなさんは確認したと思います。

❑ 人間関係を育む保育者のかかわり

　みなさんは，これまでの実習や学習を通して，保育者が，子どもが安心感と信頼感をもつことができるように，子どもと一緒に遊んだり，子どもの言葉を代弁したり，遊びを見守ったり，さまざまな感情体験に寄り添い，ときには互いの気持ちに気づけるように援助したり，子どもの心を揺さぶりながら，さまざまな気づきをもたせる声かけを行っていることを理解してきたことと思います。

　そして，危険なことなどや，事故・ケガにつながること以外は，基本的には叱ったり，子どもの要求を押さえつけたりしないことに努め，子どもが納得できるようなかかわりをしていることも学んできたと思います。

第1章　わたしが学んできたこと

保育者は倫理観に裏づけられた専門的知識，技術および判断をもった専門職ですので，子どもの言葉や行動に対して適切な応答や判断を求められます。また，年齢に応じた遊びの発展がみられるように入念な遊び環境の準備を行ったり，さまざまな人とのかかわりがもてるように援助していくことも，子どもたちが人間関係を築いていく上での保育者に与えられた大切な役割であるということも確認できたことでしょう。

9　環　境

◻ 子どもと環境

今の子どもたちはどのような環境の中で遊び，生活をしているのでしょうか。子どもたちを取り巻く環境はますます情報豊かな社会になり，ゲーム機器や映像があふれ，人とコミュニケーションをとらなくてもボタンひとつで欲しい物が手に入り，ゲームの画面では現実と架空の世界が入り混じるバーチャルな空間が広がっています。

今や公園のブランコに座ってゲームに興じている風景も珍しいものではなくなってきました。リセットのボタンを押せば，またふり出しに戻ってやり直すことができる体験が映像の世界で繰り広げられています。このように間接的体験は豊かですが，直接的・具体的な体験は乏しく，実物の感覚がもてない環境が多くなっているのが現状です。

乳幼児期は人間形成の基礎を培う上で重要な時期です。保育者は子どもを取り巻く環境をしっかりと受け止め，子どもたちが「生きる力」を培うためにはどのような保育の環境が大切なのかを考えていくことが大切です。保育において，「環境」は人的，物的，自然的，社会的環境等，子どもを取り巻くあらゆる人やモノ，自然，場所を意味しています。みなさんが保育者として，人間としての生涯にわたる健全な発達を促すためにはどのような環境構成の配慮が必要なのでしょうか。保育内容の指導法に関する「環境」で学んだことをふり返り，確認しておきましょう。

◻ 自分から進んで環境にかかわり，活動が展開できる環境

子どもの活動の意欲は自然に生じるものではありません。子ども自身に興味，関心が湧き，次から次へと活動が展開できるような環境が構成されることが大切です。保育者は今，子ども一人一人が何に興味・関心をもっているのか，何を実現しようとしているのか，内面の動きや遊びをよく観察し，子どもの発達段階と照らし合わせて環境を整えていくことが大切です。その中で，子どもたちにいま必要な環境はどのようなものであるかが見えてくるでしょう。保育者は常に子どもの目線で保育の環境を工夫していく必要があります。

23

豊かな体験を積み重ねていくことができる環境

子どもたちの生活環境が都市化され，情報化社会が進む中，実際に身近な自然物を見たり触れたり，生き物を飼育するといった直接的・具体的体験が少なくなってきています。しかし，子どもたちの感性は，砂や土，水に触れる，生き物の様子を見る，風の音や木々の葉の擦れ合う音を聴く，草花の匂いを嗅ぐ，栽培した野菜を味わう等，五感を使った体験の積み重ねの中でこそ育まれていくことはいうまでもありません。

保育者は，子どもたちが身近な環境の中で十分に身体を動かして意欲的に活動することができるような施設の内外環境，自然環境を工夫して，保育に取り入れていくことが必要になってくるでしょう。

明日へとつながる保育環境

子どもの遊びは今日一日で完結することはないでしょう。「今日やった遊びを明日もしたい」「明日は友だちと昨日の続きをしたい」「明日は早く幼稚園（保育所）に行きたい」と，子どもは一度経験したことが楽しかったら，もう一度したいと考えます。

保育者は子どもの今日一日の活動の姿をふり返りながら，次の日の環境を考えていくことが大切になります。しかし，保育者が予想したようにはいかなかったり，子ども自身がその環境を受け入れないようなときもあります。子どもが不安や緊張を感じるような雰囲気の環境になっていないか，安心していられる場になっているか，友だちとのかかわりはどうであるか等，保育者自身が常に保育の原点に返り，物的・人的側面から環境を考えることが必要になります。

環境を構成する保育者の役割

保育者は子ども一人一人の中に何を育てたいのか，子どもはどのような体験を必要としているのかを明確にし，子どもの育ちを促していくことが大切です。保育者という人的環境が重要な役割を担っていることを忘れてはいけません。環境を構成するということは，物的・人的・自然的・社会的環境が相互に関連しつつ，子どもたちにふさわしい遊びや生活環境をつくりあげていくことです。

また，保育者の一挙一動が子どもたちの成長を育んでいくことに，大きく影響していきます。保育者自身が日々の生活の中で季節の変化に気づいたり，身近な自然に目を向けたりして，感性を豊かにしていくことが大切です。みなさんは，子どもの言葉や行動に感動・共感できる保育者として，人間性を高めていかねばなりません。保育者は子どものモデルであるということを，心に留めておきましょう。

第1章　わたしが学んできたこと

10　言　葉

❑ 保育者としての「言葉」

　みなさんは,「言葉」の授業で, 保育現場における言葉の大切さについて多様な角度から学んだことと思います。

　授業はもちろん, 実習を通しての具体的な学びも多かったのではないでしょうか。特に保育者の言葉による表現を聞くことによって, 子どもが言葉で表現しようとする意欲や力が育まれていくということを間近で感じることができたはずです。子どもの言葉の感覚を育てるには, 保育者自身が美しい言葉を使うことで, 子どもの「人の話を聞こうとする意欲や態度」が養われます。また, 保育者が日常の中で多様な言葉で表現することで, 子どもの言葉に対する感覚も豊かになっていくのです。

　私が幼稚園で勤務していたときのできごとです。園庭で子どもと過ごしていた際, それまでは快晴だった空が急に暗雲で覆いつくされたことがありました。一緒にいた年少組の男児が,「先生, お空, "真っ黒" やね。夜になったから帰ろう」と話しかけてきました。当然, "真っ黒" ではなく, 正しい表現をするとすれば "真っ暗" です。その男児の表現は空が黒い雲で覆われた事象を, 素直に自分なりの言葉で表現したのでしょう。私は男児の言葉を受け止め,「本当ね」と返答し, しばらく一緒に空の様子を見ていました。

　子どもは, 驚いたり, 感動したりと直接心を揺さぶられる体験を通して, 自分らしい方法で表現します。それが, 言葉の発達の基盤となるのです。子どもの豊かな言語表現が育まれていくためには, 子どもの豊かな直接体験が必要であり, 子どもが発した言葉を保育者としてどう受け止め, いかに次の成長につなげていけるかが大切になります。

　保育現場では, 子どもの小さなつぶやきを聞き逃さず, 保育者としてどのようにそのつぶやきに寄り添い, 仲立ちや橋渡しができるかということを大切にしてほしいと願っています。保育者は, "心のこもった会話" ができ, 子どもの言葉での表現をじっくりと待ってくれる安心できる存在, でありたいものです。

❑ 子どもの「言葉」

　子どもは周囲の人とかかわりを通して, 言葉を覚え, さまざまな言葉での表現を身につけ, 周囲の人と心を通わせることが大切であることを学んでいきます。そして, 自分の気持ちや相手の気持ちが伝わることを実感することで, コミュニケーションの力を獲得していきます。まさに「人の言葉や話などをよく聞き, 自分の経験したことや考えたことを話し, 伝え合う喜びを味わう」ので

25

す。つまり，人とかかわる力が育っていくのです。

❏ 子どもの「言葉」を育む環境

　最後に，子どもが豊かな「言葉」での表現を身につけていく環境について再確認したいと思います。

　「言葉」の授業や，実習園では絵本の読み聞かせの大切さを学びました。絵本の読み聞かせをする際，ただ単に何かの活動を始める前の形式的な読み聞かせだったり，絵本が子どもを集中させるための道具になったりしてはいなかったでしょうか。保育の中での絵本はさまざまな場面で活用されますが，子どもが豊かな言葉の表現を獲得できるための活動になっているかを，常に意識してほしいと思います。

　学生に幼児期の思い出の絵本についてたずねたことがあります。幼児期に豊かな「言葉」の環境の中で育った学生は，今でもその時の絵本を宝物として大切にし，自分の周りにいる子どもに読み聞かせをしているという話を聞きました。そういった学生の表現は，読み方が決して技術的に優れていなくても人の心を惹きつける力があります。心が伝わっているのです。

　絵本は，子どもの想像力を育みます。良い絵本が子どもの身近にあり，いつでも触れることができる環境，そして子どもが絵本や物語の世界に浸る体験ができる環境を整えることが大切です。子どもがよい本と出会うためには，保育者自身もたくさん本を読み，豊かな感性や「言葉」に対する感覚を磨き続けることを忘れないでください。

11 表現（造形）

❏ 表現で学ぶこと——五領域のひとつとしての「表現」について

　子どもたちの表現活動とは単に何かを描いているとき，あるいは工作をしているときだけが表現活動なのでしょうか。客観的にはそのように見えるかもしれませんが，表現活動は日常の生活と分けることのできない密着したもので，生活すべてが表現活動につながっています。子どもたちの日常生活と表現活動のかかわりを重視しましょう。

　また，幼稚園教育要領には五領域の表現について「感じたことや考えたことを自分なりに表現することを通して，豊かな感性や表現する力を養い，創造性を豊かにする」とあり，そのねらいについて「豊かな感性をもつ」「表現して楽しむ」「表現を楽しむ」とあります。[(6)]

　しかし，表現は子ども自身の内面の表出だけにとどまらず，友達や保育者，保護者に伝わり共有することで，つまりコミュニケーションの中で創造力が豊かになるということも理解しておきましょう。注2

第1章　わたしが学んできたこと

子どもにとっての表現とは

　みなさんは実習期間でのさまざまな製作活動の中で，子どもたちが「あっ！いいこと思いついた！」と夢中になっている顔や，ふっと顔つきが変わる瞬間を見ることができたでしょうか。子どもたちは思いついたことをなんらかの形にしたくてたまりません。そして黙々と心の中の「思いついたこと」を瞬きもせずに作ります。子どもの絵は大人のような視覚的（写真のような）なものにはとらわれません。子どもたちが描く一枚の絵の中には，視覚的なものを飛び越えて，聴覚，味覚，嗅覚，触覚といった五感が表れてくることがあります。また，異なる時間や場所などが表れることもあります。大人は視覚的な描画に慣れているため，子どもたちの絵を不思議な絵，あるいは個性的な絵ととらえがちですが，子どもたちにとっては自分の生活や経験を通して内面で強く認識しているものを絵の中で整理しているようなものです。ですから，五感やその時の状況，気持ちなどを細かく認識できるような言葉がけをして，絵を作り出すきっかけをつくってあげましょう。注3

道具について

　道具の使い方についてここで多くは触れませんが，基本的な描画材の安全性，それぞれの特徴や相性はしっかりと身につけておく必要があります。たとえばその描画材が油性か水性か，その濃さは目的に応じて適正か，新聞紙や画用紙などの紙の繊維の向きなども配慮しているとよいでしょう。

　また接着剤の用途の使い分け，その必要分量なども適切に判断できることが重要です。国によっては，年齢や適性により「この道具とこの材料でこの技法を」と決められていることがあるかもしれません。だから「この年齢にはその道具（材料，技法）は使わせない」というふうに短絡的に考えず，どうやったらその道具（材料，技法）を使うことができるだろうか，という考え方も目的によっては必要なときがあります。そんなときはなぜそれを使えないのか理由をはっきりさせ，それを補う配慮や準備を行い解決することで，子どもたちが新しい経験に出会えることがあります。

文章にする大切さ

　子どもの表現活動上で保育者の文章は必要がないように思われるかもしれません。しかし表現は成果としての作品の評価に加えて，作品を作り出す過程やそのときの言葉（つぶやき），作り出したあとの子どもと保育者の会話を残すことも大切です。

　前述したように子どもたちの表現は単なる描画活動や造形活動だけではなく，生活そのものの土台があって表現活動に結びつきます。ですから，単にその活動によって，「こんな絵を描いた」「こんな工作をした」という成果だけではな

く，どんな風にそれを作っていたか（過程），どんな言葉を発していたか，つくり出したあとの子どもと保育者の会話などを残してそれを保護者に伝えてこそ，本当の表現活動となります。どんな些細なことでもその作品の背景を伝えることで，保護者は子どもへの理解を深め，結果として子どもたちは表現の楽しさを知ることになります。

12 表現（音楽）

◻ 表現（音楽）とは

　みなさんは，表現（音楽）と聞いて，何を思い浮かべましたか。歌うことでしょうか。ピアノでしょうか。それとも体全体で感じるリズムでしょうか。

　保育所保育指針や幼稚園教育要領の保育内容（表現）のところをもう一度読んでみましょう。「ねらい」で示してあるように，注4 子どもたちは，保育者と一緒に歌を歌うことや，簡単なリズム楽器を使って表現することが大好きです。また，生活の中で感じることを音楽で表現するのを楽しみます。では，みなさんがこれまで身につけてきた音楽の技術をどのように活用できるかふり返りながら実践していきましょう。

◻ リズムを感じる

　目を閉じるといろいろな音が聞こえてきます。耳をふさいで周りを見てみると，音を想像することができます。その音は，一定のリズムがあるでしょうか。みなさんがこれまで練習してきた曲が思い浮かんだと思います。それと同時に楽譜に書かれたリズムを思い出すことができましたか。では，そのリズムを書いてみましょう。書けましたか。もう一度，楽譜を見て確認してみましょう。

◻ 曲の音域を変えてみよう

　みなさんの一番身近にある音の出るものは何でしょうか。そうです，体です。握りこぶしで，頭，肩，お腹，お尻などをトントントンと叩いてみてください。場所によって音は変わりましたか。あっという間にみなさんの体が楽器になりました。では，今度は，ピアノで試してみましょう。みなさんが弾ける一曲，さきほど思い浮かんだ曲でもかまいません。弾いてみましょう。弾けましたか。次に，低い音程で弾いてみてください。まるで大きな動物が歩いているようですか。では，一番高い音程で弾いてみてください。どんな動物のおしゃべりになりましたか。このように，同じ曲でも音域を変えるだけでさまざまな保育場面で使えそうですね。みなさんのレパートリー曲の中から，これからの実習等でも活用できそうなものを選んでおきましょう。

第1章　わたしが学んできたこと

❑ 速さを変えてみよう

「きのこ」「いちご」「バナナ」……一文字ずつ同じように，休みなく続けると，3拍子になります。間に「ウン」と入れると，4拍子を感じることができます。このようにして，子どもは遊びの中で一定の速さで拍子を感じていきます。保育者は，一定の速さを保つことを意識することが大事です。みなさんもこれまでピアノの演奏や歌の練習をするとき，一定の速さで演奏できることを目標のひとつにしてきたことでしょう。みなさんのピアノで子どもたちは行進できるでしょうか。速さを急に速めると，子どもたちは，走り出してくれます。音を止めると，動きを止めます。そのように遊んでみたい曲が思い浮かびましたか。

❑ いつでもどこでも楽しめる表現（音楽）

これまで練習してきたピアノの曲や弾き歌いの曲を振り返ることができたでしょうか。季節の歌を歌えば，子どもは歌詞から言葉を覚えることができるでしょう。また，音域を変えるとガラリと雰囲気が変わります。速さを変えるとどうでしょう。子どもは保育者のピアノに合わせて楽しみながら表現を変えてくれることでしょう。

これまで「音楽」という科目で身につけてきた弾き歌いやピアノ演奏技術は，子どもの表現の世界を飾ってくれます。実習後，「もっとピアノをやっておけばよかった！」，「もっと歌を知っておけばよかった」という声をよく聞きます。もちろん，レパートリーが多いことは強みになります。楽譜をしっかり読めば，これから1人で新しい曲にもチャレンジできるはずです。しかし，今，みなさんが弾ける曲だけでも，活用できそうな気がしませんか。

13 表現（体育）

❑ 子どもにとっての身体表現とは

子どもは自分の思いや感情を直接表情や動きで表現するので，体の動きは子どもにとって重要な表現手段です。子どもの表現する力は，遊び中心の生活の中で豊かに育まれていきます。手遊びや歌遊びおよびダンスなどの身体表現遊びの中でみんなとリズムを合わせて身体で表現することにより，楽しさを体験し，充実感を得ていきます。

鬼ごっこなら鬼に捕まえられないように逃げるときの緊張感や，鬼になったときのつらさ，タイミングを見計らって仲間を助けるうれしさなど，体を動かす遊びの中で心の動きも同時に体験できます。保育における身体表現は体を使った遊びに伴う自己表現や，他者とのコミュニケーションなどの精神活動を促し，心と体をバランスよく育む活動です。

❏ 子どもの身体表現の指導と援助

① 子どもの発達過程に合わせる

子どもは身体機能が発達することにより，表現力も高くなります。2・3歳は動物の真似や料理を作る真似など「見立て」や「つもり」の活動が多く見られ，4歳頃から想像による表現活動は盛んになります。子どもの運動能力の発達について，おおむね2歳から2歳半の子どもは両足ジャンプができるようになり，4歳頃にはケンパー跳びやスキップができるようになります。ところが，スキップができる3歳児もいれば，5歳児でもスキップができない子がいます。発達には個人差が必ずあります。すべての子どもができなければいけないとは考えず，子どもの発達過程や季節などに応じた身体表現遊びを意図的かつ計画的に取り組むことで，子どもの運動能力や表現力を高めることが期待できます。

② 認める，受け止める，言葉をかける

低年齢の子どもは飛行機を表現しても自動車を表現しても，ただ走り回っているように見えますが，本人は飛行機のつもりで，あるいは自動車のつもりで表現しています。子どもたちそれぞれの素朴な表現を認め，受け止めることにより，子どもの表現することへの自信を培うとともに表現意欲を高めます。

また，子どもの表現をより豊かに発展させるためには，保育者の「言葉かけ」が重要なポイントになります。たとえば，「飛行機の翼は横に広げているよ」「飛行機は回って飛んでいるよ」などの言葉をかけると，子どもはイメージを広げていきます。さらに子どもがよく工夫した動きを認めて，「こんなこともあったね」「こうしたらどうなった？」など，子どもたちと話し合えば新しい表現が出てきます。このように，コミュニケーションの中で子どもたちの表現はより豊かになります。

③ 子どもの経験や体験を活かす

子どもは見たこと，聞いたこと，経験したことなどをイメージとして蓄え，それらを再現して遊びます。たとえば，『おおきなかぶ』の絵本を見た子どもは「かぶ抜き」の表現遊びを楽しむことができます。また，秋の芋掘りを経験した子どもは「芋掘り」の表現遊び，大根抜きを経験した子どもは「大根抜き」の表現遊びをすると，子どもたちは経験したことからイメージを共有し，そのものになりきって表現することができます。保育者は子どもが絵本などから得たイメージ，あるいは日常生活の経験や体験を活かした題材を身体表現遊びへと導くことが大切です。

④ イメージを引き出す素材を用意する

子どもは身近にあるさまざまな素材をいろいろなものに見立てながら遊びます。新聞紙を筒状に丸めたら，刃に見立ててチャンバラをし，剣に見立てて戦いごっこをし，魔法の杖に見立てて魔法ごっこをする子どもの姿を見かけます。素材は表現のきっかけになり，子どものイメージを膨らませ創造的な表現

第 1 章　わたしが学んできたこと

を促します。子どもの興味や関心を観察し、動きやイメージを引き出しやすい素材、道具や楽器等を用意しましょう。

- 注1　平成30年度施行の幼稚園教育要領、保育所保育指針においても、領域「人間関係」では「他の人々と親しみ、支えあって生活するために、自立心を育て、人とかかわる力を養う」をねらいとしています。
- 注2　平成30年度施行の幼稚園教育要領、保育所保育指針、幼保連携型認定こども園教育・保育要領においては、「幼児期の終わりまでに育ってほしい姿」として、「豊かな感性と表現」について触れられています。保育者はこれまで以上に、子どもたちの主体的な活動の充実を意識的に図ることが求められています。
- 注3　平成30年度施行の幼稚園教育要領、保育所保育指針、幼保連携型認定こども園教育・保育要領においては、自然への気づきについて具体的な記述がされています。保育者として、身近な自然に対して、より繊細に気付けるように心がけましょう。
- 注4　平成30年度施行の幼稚園教育要領、保育所保育指針においても、領域「表現」では、「感じたことや考えたことを自分なりに表現することを通して、豊かな感性や表現する力を養い、創造性を豊かにする」ことをねらいとしています。

6 保護者支援を学ぶ科目

14 教育相談

保育現場で行われる教育相談

教育相談とは「教師が児童生徒最優先の姿勢に徹し，児童生徒の健全な成長・発達を目指し，的確に指導・支援すること」をいいます。つまり，本来的には教師と子どもの二者間で成立する相談活動を指すのです。しかし，保育現場では，保育者と子どもの間だけで相談活動が完結することはまずありません。なぜなら子どもの年齢が小さいうちは，自分の気持ちを言葉で表現するのがまだ難しいことに加え，子どもを取り巻く保護者や家庭の状況が，子どもに大きな影響を与えるからです。

だからこそ保育現場での教育相談は，保育者と子どもの二者間に留まらず，保護者や家庭との連携を含み込んだ，包括的な観点から行われることが重要です。特に，家庭の養育力が低下しているといわれる今日では，子どものより良い発達を願う上で，保護者支援が大切な課題となっています。注1 保育者は子どもの人生が始まったばかりの段階で，子どもや保護者と出会います。保育者との関わりを通じて，保護者が「子育てのことは一人で抱え込まずに誰かに相談しても大丈夫」と思えたなら，その後も必要な時に必要な助けを周りに求められるようになっていくはずです。

保育現場での教育相談は，保護者を孤立させず，社会全体で子育てをサポートするためのスタートラインなのです。

保育者とカウンセリングマインド

子どもや保護者との信頼関係を培っていく上で，保育者はカウンセリングマインドをもつことが求められています。カウンセリングマインドとは，カウンセラーがカウンセリングを行う際の，「受容」や「共感」といった基本的な心情・態度のことを指します。保育者はプロのカウンセラーではありませんが，そうした心情・態度のありようを理解し，相談活動に臨む必要があります。

ここでは，カウンセリングにおける他者理解の前提となる条件と基本的な態度を確認した後，「受容」「共感」の意味を振り返っておきましょう。他者理解の前提条件というと難しく聞こえますが，ごく当たり前のことです。それは「私は，私以外の人とは違う人間だから，私以外の人のことを本当にはわかる

ことができない」というものです。そんな身も蓋もないことをいえば，そもそも他者理解など不可能ではないかと思う人もいるかもしれません。けれども同時に私たちは「私以外の人と同じ場面・空間を共有し，相手をわかろうとし，相手の気持ちを想像する」ことができます。相手の思いをぴたりと理解することはできないからこそ，想像力を働かせるのです。自分の想像したことが的を外していないかどうかを知るには，相手にていねいに確認していくことです。

　安易に理解したつもりになったり決めつけたりせず，想像とていねいな確認を大切にしながら他者を理解しようとすることこそ，カウンセリングの基本的態度だといえるでしょう。カウンセリングでは，このような他者理解は対話を通して行われます。対話する時の原則となるのが「受容」と「共感」です。「受容」とは相手の話を自分の評価基準で判断するのをいったんやめ，相手のすべての側面をその人の一部として受け入れ，肯定的な関心を向けることをいいます。

　「共感」とは，相手の心の世界を知的・体験的に理解し，自分自身のことであるかのように感じ取ろうとする態度をいいます。人は自分に関心を向け，自分をわかろうとしてくれる人に心を開きます。どんな子どもや保護者であっても，カウンセリングマインドを忘れず，誠実に真摯に対応していくことが必要です。

☐ 子どもへの理解を深める教育相談のあり方

　保育現場での教育相談では，子どもの成長・発達に関する気がかりが多く取り上げられます。とりわけ子どもに発達障害の疑いがある時，保育者と保護者の思いが行き違うことがしばしばあります。大切なのは発達障害の診断をつけることではなく，発達障害の特性を含め，保育者と保護者が子どものさまざまな側面をより深く理解し，的確な支援を模索することなのです。

　そのためには，子どもについて知っていることを互いに語り合うことが欠かせません。保育のプロである保育者には，大人とは違う子どもの心の世界を生き生きと代弁してほしいと思います。それを聞くことで，保護者の子どもへの理解は一層深まり，豊かさを増すはずです。子どもの心の世界を感じ取り，保育者自身の言葉で表現できるよう，日頃から感性を磨いておくことも，教育相談には欠かせないことなのです。

15 家庭支援

❏ 子育て家庭を取り巻く現状

　家庭は，子どもたちにとって最初に出会う社会の場であり，親は最初に出会う人であることを考えると，子どもたちの成長にとって家庭は，大変大きな役割を担っているということができます。

　しかし，わが国では，少子・高齢化，核家族化，共働き家庭の増加，ひとり親家庭の増加，地域社会の希薄化などにより，子育て中の保護者は，頼ることのできる両親も近くにおらず，きょうだいも少ないため，子どもの発達についての悩みや不安，健康上の問題が生じたときなど，だれにも相談できず，手助けもしてもらえない状況に追いやられてしまい，子育てに対する負担感や孤立感が増加する傾向にあります。

　このため，本来であれば家庭や家族，地域が協力し合って，地域全体で子育てをしてきましたが，現在ではそのような状況が望めないため，子育てを社会全体で支えていくために，また，子育て不安から生じる児童虐待予防の観点から，育児相談や子育て家庭の居場所づくり，保護者の子育て負担感の軽減や安心して子育てができる環境づくりのための施策などが近年，数多く実施されています。

❏ 保育所・認定こども園・幼稚園および保育者に期待される家庭支援

　児童福祉法第18条の４で，保育士は「児童の保育及び児童の保護者に対する保育に関する指導を行うことを業とする者」と規定されています。また，2009（平成21）年施行の「保育所保育指針」で「保護者に対する支援」が明確に位置づけられました。「保育所における保護者への支援は，保育士等の業務であり，その専門性を生かした子育て支援の役割は，特に重要なものである」と規定され，また，保育所の役割として「保育所に入所する子どもの保護者に対する支援及び地域の子育て家庭への支援」が規定されました。注2

　このように子育て中の保護者や家庭に対して積極的に支援することが，保育所及び保育士の役割として位置づけられています。さらに保育所が，子育て家庭への保育所機能の開放や子育て等に関する相談や援助の実施，子育て家庭の交流の場の提供および交流の促進，地域の子育て支援に関する情報の提供など，「地域の子育ての拠点」としての役割を果たすことが期待されています。

　また，認定こども園も就学前の児童を対象に幼児教育や保育を実施するだけでなく，地域における子育て支援を必ず行わなければならないことになっています。同様に幼稚園も幼稚園教育要領で，子育て支援のために保護者や地域の人々に機能や施設を開放したり，幼児期の教育に関する相談に応じたり，情報

第1章　わたしが学んできたこと

を提供したり，幼児と保護者の登園を受け入れたり，保護者同士の交流の機会を提供したりするなど，地域における幼児教育のセンターとしての役割が位置づけられています。注3

　このように保育所，認定こども園，幼稚園は，だれもが気軽に相談することのできる身近な地域に存在する子育ての専門機関であり，子育てについての知識や技術を兼備えた経験豊富な保育者がいることなどから，そのノウハウを社会に還元していくことが期待されているのです。

☐ 家庭支援を推進するために

　子どもの人格の発達の基盤は家庭であり，衣食住にかかわる生活や生存の保障責任は家庭にありますが，子どもの最善の利益を図るためには保護者の力を引き出す支援が必要です。保育者と保護者が共に子育てのパートナーとして協働していくことが求められています。

　このためにも保護者が抱えている不安や悩みを自らが解決できるようにするために，保育者は受容，傾聴，共感の技法を身につけ，保護者の思いや置かれている状況などを共感的に理解し，保護者に寄り添った支援を行っていくことが求められています。

　また，課題解決のために必要な社会資源が活用できるように情報を適切に提供することも必要です。社会資源にはフォーマル（公的）な社会資源とインフォーマル（非公的）な社会資源があります。これらをうまく活用できるように支援していくことが求められています。

注1　平成30年度施行の保育所保育指針では，保護者支援は子育て支援という用語に置き換えられ，保護者の状況に配慮した支援や不適切な養育等が疑われる家庭への支援など，多岐にわたる支援のあり方がより詳しく記されています。

注2　平成30年度施行の保育所保育指針においても「第4章　子育て支援」の項目が取り上げられ，「2　保育所を利用している保護者に対する子育て支援」「3　地域の保護者等に対する子育て支援」として，具体的な支援方法について記載されています。

注3　平成30年度施行の幼稚園教育要領においても，「第3章　教育課程に係る教育時間の終了後等に行う教育活動などの留意事項」に，同様の内容が記載されているとともに，新たに「その際，心理や保健の専門家，地域の子育て経験者等と連携・協働しながら取り組むよう配慮するものとする」という内容が追記されています。

35

〔コラム２〕

幼稚園教諭：保育者の道を志すみなさんへ

■ 私が新任だった頃

私は短期大学の児童教育学科を卒業して，私立幼稚園，聾学校幼稚部，公立幼稚園で幼稚園教諭として，約20年間保育の仕事に携わりました。一人一人の個性が豊かで，だからこそ保育は楽しいのですが，いつでも順風満帆だったわけではなく，もう前に進めないと思ったことが何度もありました。特に新任の頃は，クラス運営のこと保育の内容のこと子どもや保護者とのかかわりのことなど悩みは尽きませんでした。

そんな時に心の支えとなったのは，クラスの子どもたちの屈託のない笑顔と素朴な優しさでした。保育室ではいつでも「先生，あのね」「先生，一緒に遊ぼう」とキラキラした瞳のかわいい子どもたちが待っていてくれました。子どもたちとともに生活する中で，目標に向かって力いっぱい頑張ったり友だちと一緒に力を合わせたりと，さまざまな場面に出会うたびに「子どもってすごい」と尊敬の念をもつようになったことを覚えています。

そして周りには，「私はこうしてるよ」「クラス合同で一緒にしてみようか」と必ず手を差し伸べてくれる先輩の保育者がいました。時に厳しく注意を受けることもありましたが，大切な子どもの命を預かる保育の現場で，プロの保育者としての務めを果たしていくためには当然のことです。同じ失敗を繰り返さないようによく考えて行

動し，自らの成長につなげていく……。保育の現場は，人と人（子ども，保育者，保護者）が育ち合うかけがえのない空間です。保育者の道を志すみなさんには，さまざまな経験を通してしなやかな心をつくっていってほしいです。

■ 自然とのかかわりを通して育つ子どもたち

公立幼稚園で勤めている時のことです。6月，5歳児の子どもたちが，園庭の池でザリガニ釣りをして遊んでいました。4歳児の子どもたちは，その様子をじっと見ていました。4歳児のＡ君が，興奮して私のところに駆け寄ってきました。「先生，ザリガニが池にいっぱいおるねん。そら組さんが釣ってる！　こっち来て！」「本当だね。Ａくん，よく気がついたね」「こっちにもおる。見て！　ちっちゃい赤ちゃんや」「ここに王様のザリガニおるで」「ほんまや。めっちゃでっかい‼」「ザリガニ釣ろう」「ぼくもする！」4歳児の子どもたちは，5歳児に必要な道具を教えてもらって準備し，そっとザリガニのハサミの前に糸を垂らすなど，みようみまねで挑戦しはじめました。しかし，なかなか釣れません。5歳児は，ねらいを定めてどんどん釣っています。Ａ君たちは，5歳児の「釣れた！」という声があがるたびに，そばまで行ってバケツをのぞきこんでいました。「どうやって釣ったん？」「あんな，するめ

第1章 わたしが学んできたこと

はこれぐらいつけるねん」と，釣り方を教わって何度も挑戦します。けれどもうまく釣れません。あきらめて違う遊びをしはじめる子どももいる中，A君は登園するとすぐに部屋をとびだして，毎日池に通っていました。そんなある日のことです。「先生，見て！ ザリガニ釣れたでー！」「見せて。わぁすごい！ Aくんやったね。みんなに知らせようか」「うん」A君は，バケツを揺らさないように気をつけながら，他の遊びをしている友だちのところに駆けて行きました。

「見て。このザリガニぼくが釣ってん‼」「Aくんが釣ったん？ すごい！」A君は，みんなに認められてうれしそうです。「ぼくもやっぱりザリガニ釣りしよう」「それじゃ，みんなこっち来て」友だちと一緒に再び池の方に向かって行きました。

毎日夢中になって遊び，大きな達成感を味わうA君のうれしそうな顔を見て，私は心動かされました。その後，ザリガニの世話を進んで行うA君の姿は，クラスの友だちが生き物の命の大切さについて考えるきっかけを作ってくれました。また，担任としてゆったりと自然と関わることができる時間の保障や環境についても考え直す機会となったことを覚えています。

平成30年度施行の幼稚園教育要領において，幼児期の終わりまでに育ってほしい姿として，自然との関わり，生命尊重に関することが明記されています。自然とかかわる機会が少なくなってきた昨今，保育者には，子どもと自然をつなぐ大きな役割があることを，心に刻んでおきましょう。

（園田育代）

!この本をすいせんします!

金子みすゞ／選者 矢崎節夫（1984）わたしと小鳥とすずと．JULA出版局．
—— 大正時代末期から昭和時代初期にかけて活躍した日本の童謡詩人の童謡集です。詩を通して著者の優しいまなざしや思いの深さに触れることができ，それが，つぶやきや絵などに表される幼児の感性と重なり合います。ぜひ読んでみてください。

7 実践の場で学ぶ科目

16 保育実習（保育所）

　保育士をめざす学生にとって，「保育実習」は保育士資格を取得するための必修科目として位置づけられています。保育実習の目的については「指定保育士養成施設の指定及び運営の基準について」（平成27年3月31日厚生労働省雇用均等・児童家庭局長通知）に，「保育実習は，その習得した教科全体の知識，技能を基礎とし，これらを総合的に実践する応用能力を養うため，児童に対する理解を通じて保育の理論と実践の関係について習熟させることを目的とする」と記されており，保育の現場で働く保育者より保育の実際を体験的に学ぶ機会であることがわかります。

　ここでは，保育士としての資質をより一層高めるために，保育所実習にかかわる事柄についてふり返ってみましょう。

☐ 保育士の資格と業務

　保育士資格は，2001（平成13）年11月の児童福祉法改正において，名称独占資格に改められ，法定化（国家資格）が図られました。児童福祉法（第18条の4）において，保育士とは「登録を受け，保育士の名称を用いて，専門的知識及び技術をもって，児童の保育及び児童の保護者に対する保育に関する指導を行うことを業とする者をいう」と定義されており，「保育士となる資格を有する者」が都道府県に備える保育士登録簿（厚生労働省令に定める事項）に登録し，保育士証の交付を受けて「保育士」となります。さらに，国家資格化にともない，保育士は，「保育士の信用を傷つけるような行為をしてはならない」（児童福祉法第18条の21）こと，「正当な理由がなく，その業務に関して知り得た人の秘密を漏らしてはならない。保育士でなくなつた後においても，同様とする」（児童福祉法第18条の22）と規定されており，守秘義務違反についての罰則も明文化されています。

　保育士資格と業務を理解するためにも，児童福祉法第I章総則にある「児童福祉の理念」を常に意識しましょう。同時に，児童憲章の内容を覚えておくことや，保育所保育指針に記載された保育士の業務を再確認しておくことが重要です。また，全国保育士会倫理綱領を座右の銘とし，専門職としての自覚をもつようにしてください。

第1章　わたしが学んできたこと

❏ 保育実習の位置づけ

　保育所実習は保育士の資格取得のため，「保育実習実施基準」(厚生労働省)に基づいて実施する保育所を含む児童福祉施設での実施体験学習です。保育士資格を取得するために，必修科目「保育実習Ⅰ」実習(保育所実習2単位・施設実習2単位，計4単位)と「保育実習指導Ⅰ」演習(2単位)を履修します。さらに選択必修科目である「保育実習Ⅱ(保育所)又はⅢ(保育所以外の施設実習)」実習(2単位)と「保育実習指導Ⅱ又はⅢ」演習(1単位)の合計9単位履修しなければなりません。

❏ 保育所実習の意義と目的

　保育所における保育士の職務は，人格形成の基礎を培う乳幼児期にその心身の発達に直接かかわるという重要な仕事であり，重い責任を負っています。保育所実習は保育の現場で職務を果たせるように，学内で学んだ保育の知識や技能を生かして，実習施設の活動と直接かかわり合いながら，子どもを援助する具体的な方法や技能を体験的に学習する過程です。

　また，保育に携わる保育士には，子どもの成長・発達を援助するにふさわしい人格と専門性が求められます。そのため，実習は資格取得のための単なる体験学習ではなく，実習を終えたあとも，授業での学びを通して保育観・福祉観の形成を図り，感性豊かな人間性をもった保育士となるための研鑽を積み上げることが求められています。

　たとえば，実習後に，あなたはどのような保育士になろうと感じましたか。自分自身の具体的な達成課題をあげて取り組み，よりよい保育士になることを目指しましょう。また，保育士以外に，保育に関する専門性を有する職業にどのようなものがあるのかについても考えてみましょう。そうすることで，保育士という職業についての理解が深まります。

❏ 実習施設の理解

　保育所は児童福祉法第39条の規定に基づき，保育を必要とする子どもの保育を行い，その健全な心身の発達を図ることを目的とする児童福祉施設です。その保育の内容は「児童福祉施設の設備及び運営に関する基準」の規定に基づき，厚生労働大臣の告示として「保育所保育指針」に定められています。保育所は養護と教育を一体的に行うことを特性とし，入所する子どもの最善の利益を考慮し，その福祉を積極的に増進することに最もふさわしい生活の場でなければならないと保育所保育指針に記されています。

　保育所の入所基準については，1997(平成9)年児童福祉法制定後50年を期して，それまで保育所を特徴づけてきた「入所措置」は「保育の実施」と改められ，入所のしくみは従来の行政主導から保護者が保育所を選択利用するとい

う利用者主導に変更されました。

さらに，2014（平成26）年多様化する保育ニーズに対応するために，子ども・子育て関連3法が制定され，従来の「保育に欠ける」は新たに「保育の必要性」と改められ，2015（平成27）年より施行されています。なお，「保育の必要性」については，子ども・子育て支援法第19条第1項第2号の規定に基づき，子ども・子育て支援法施行規則に「支給認定等」として事由が定められています。改めて，10項目ある「保育の必要性」について確認しておきましょう。

保育所の役割

保育所保育指針第Ⅰ章総則に，児童福祉法に基づく児童福祉施設としての保育所の役割が示されています。具体的には，保育所保育の目的，保育所の特性，子育て支援，保育士の専門性について保育所・保育士が担う役割があげられています。実習にあたっては，保育所の役割を十分に理解して臨まなければなりません。特に保育所の特性については，保育所保育の重要なポイントが凝縮されているため，必ず理解しておきましょう。友人同士で，「保育所保育の目的」や「保育所の特性」をあげることができるか確認し合うとよいでしょう。注1

また，保育制度は，子どもの健全育成と子育て支援を図るうえで大きな役割を果たしています。核家族化の進行，就労形態の多様化等といった社会的背景により，児童とその家族を取り巻く環境が大きく変化している中，保育についても多様な保育ニーズに対応したサービスが求められています。子育てにおける負担の軽減や，仕事と子育ての両立支援及び在宅子育て家庭支援のために特別保育事業も実施されていますので確認しておきましょう。必ず，保育所で実施される特別保育事業にはどのようなものがあるのか，具体的にあげられるようにしておきましょう。

実習のふり返りとまとめ

実習では保育技術を学ぶだけでなく，保育士として最も大切な人間的成長が期待されます。実習が一人一人にとって価値ある経験になるためには，学び得たことを自分自身でふり返り，見つめ直すことが大切です。

実習の自己評価では，事前指導における保育実習のねらいと内容を再確認し，各自が設定した目標がどのように達成できたかについて分析することが重要です。そして，子どもの姿，保育者の姿，実習日誌や実習全体を総括することで，自分自身がどのように変化・成長したかを分析的にとらえましょう。

また，実習中に実習をふり返る機会としては，実習保育所での反省会があります。概ね実習最終日に行われますが，期間の中間で，実習効果を高めるために実施される場合もあります。いずれにしても，成長できる大変貴重な時間ですので，施設長や指導保育士の批評や指導を謙虚な気持ちで受け止め，実習期

第1章　わたしが学んできたこと

間中の指導に対する感謝の気持ちをもって臨むことが大切です。反省会から実習全体をふり返り，自分自身の適性や偏りなどを確認しましょう。そして，喜びや意欲をもって保育に取り組める保育士を目指し自己研鑽に努めてください。

17　保育実習（施設）

❏ 施設実習の意義と目的

　本書の保育実習（保育所）における〈保育実習の位置づけ〉でも示した通り，「保育実習Ⅰ」の4単位では，「保育所実習」の2単位と保育所以外の「施設実習」の2単位を履修することが義務づけられています。

　施設実習の具体的な場としては，保育実習実施基準において「乳児院，母子生活支援施設，障害児入所施設，児童発達支援センター，障害者支援施設，指定障害福祉サービス事業所，児童養護施設，児童心理治療施設，児童自立支援施設，児童相談所一時保護施設」などと示されています。そのため，ここに示されている施設において実習を行うことが求められています。

　そして，施設実習の大きな目的は，児童福祉法に位置づけられ福祉専門職でもある保育士が，保育所以外の児童福祉施設の養護を実際に実践し，保育士として必要な資質・能力・技術を習得することにあります。

❏ 施設実習の注意点

　みなさんが施設実習で行う現場には，入所による生活型の施設も数多くあります。そのため，実習生も施設に宿泊し，利用者とともに生活そのものを経験する泊まり込みの実習が主体となっています。

　当然ながら，泊まり込みの実習では，利用者の生活の場に深く立ち入ることになります。したがって，利用者のプライバシーへの配慮はもちろん，実習生自身の生活態度やマナーについても十分に留意し，迷惑をかけることがないようにしなければなりません。

　みなさんも，もし自分自身のプライベートな生活の場が他者から乱されるようなことがあれば，非常に困惑すると思います。ですから，施設実習においては，利用者の生活の場で実習をすることを十分に理解し，自分自身の日頃からの生活習慣を見直し整えることや，挨拶・言葉遣い・礼儀作法などをふり返ることが重要だといえます。加えて，守秘義務についても十分に理解しておく必要があります。実習で知り得た情報は，絶対に守らなければなりません。利用者の個人情報を守ることは，実習に参加した皆さん自身の個人情報を守ることにもつながることを覚えておきましょう。

　また，施設で働く職員は，夜勤宿直や早出などの勤務体制で，利用者に対して途切れのないケアを行っています。そのため，実習生も場合によっては，さ

41

まざまな勤務形態を経験できる場合があります。もちろん，早出や遅出の時間
帯で実習を行うことは，普段の学生生活では経験しないことなので，みなさん
にとっては負担になります。しかし，実習生に遅刻や早退があった場合，施設
で生活している利用者に迷惑がかかってしまいます。ですから，心身の健康を
保つことに留意し，どのような勤務形態であっても対応できるよう自己管理を
徹底しましょう。以上の意味からも，施設実習は社会人としての心構えを意識
できる絶好の機会といえます。

事前学習と振り返り

　みなさんは，保育実習や教育実習の場合でも，実習に臨むにあたって実習計
画を立案し，目標の設定と達成のための方策を熟考したと思います。

　しかし，いくら実習前にさまざまな計画を想定していたとしても，実習担当
者との打ち合わせにおいて変更が生じることや，実習が進む中で修正しなけれ
ばならないことが起きることもあります。ただ，そのような実習計画の変更や
修正の経験を積むことによって，実習での学びがより深いものになり，保育者
としての資質が向上したのではないでしょうか。

　ところが施設実習では，単純な実習計画の変更や修正だけでは対応すること
ができないと思えるような経験をすることがあります。たとえば，学校で学ん
だ理論では通用しない状況に直面してしまうことや，臨機応変に利用者への対
応が求められる場面に遭遇するといった場合です。

　一般的に考えると，実習の利点は，学校での学びを通して獲得してきた知識
や技術を，実際の保育や教育の場で実践できる点にあります。そして，現場で
経験したことを足掛かりとして，さらに高度な学びができるようになります。
しかし，このように考えられるのは「実習で起こり得ることが，事前学習で想
定した範囲内である」ということが暗黙の前提になっているからです。

　しかし，施設実習の場合は，事前学習で想定した範囲を超えてしまうことが
起こり得ます。なぜならば，施設は利用者にとっての生活の場であるからです。
だからこそ，施設実習では他の実習以上に，さまざまなことを想定した事前学
習が求められるのです。特に，利用者のニーズや職員の支援の方法については，
可能な限り事前に調べておくことが大切です。仮に，実習中に悩むことが起き
たとしても，十分な事前学習を行っていれば，施設職員から有用なアドバイス
を得ることで，解決の糸口を見出すことができます。また，利用者と関わる中
で気づきを得ることも多々あります。そのため，「さまざまな人とのかかわり
の中で学ばせていただいている」という謙虚な姿勢で取り組むことが重要とな
ります。

　加えて施設実習では，実習後のふり返りも非常に重要となります。実習日誌
や記録の整理を行い，経験した事柄や気づきについて振り返ってみましょう。

第1章　わたしが学んできたこと

実習にかかわる授業などを通して，他の学生と実習体験を共有することも不可欠です。それは，自分自身の実習体験を話すことや他者の経験を聴くことが，実習によって獲得できた学びの成果を客観的に評価することにつながるからです。

□ 施設実習を通して変化する意識

　施設実習に対しては，すでに経験したことのある保育・教育実習と大きく異なることから不安を感じ，否定的な意見をもつ学生も少なくありません。具体的な不安としては，「宿泊を伴う実習への戸惑い」や「利用者とのかかわり方がわからないことへの心配」などがあげられます。

　私たちは一般的に「知らないこと」に対して，強い恐怖感や偏見をもつことがあります。それは，人間関係においても同様であり，相手のことを十分に知らない場合は，円滑な人間関係を築くことが難しいと感じてしまいます。しかし，相手のことを知る努力を続け，さまざまなことが理解できるようになると，これまでとは異なる積極的な人間関係を築けるようになります。この姿勢こそが，保育者に求められる大切な資質だといえます。

　たとえば，障害者支援施設や障害福祉サービス事業所での実習を経験した学生が，「実習前に感じていた施設に対する暗いイメージが，実習を通してなくなった。それに，これまでは駅などで利用者の方を見ても一歩引いて捉えていた。でも，実習後は，私にも何か手助けできることはないかな，と積極的にとらえることができるようになった」や，「施設は，ある意味で家ともいえるので，利用者に対して生活の援助が必要となる。だから，指導する側の人間が生活のスキルをもっていないと指導できないことがわかった。これからは私自身も生活力を身につけるようにしたいと思う」といった感想を伝えてくれたことがあります。

　また，乳児院での実習を経験した学生は，「看護職をめざす実習生と比較されることがあり，大きなプレッシャーになったが，保育職も看護職と同様に，命を守る重要な仕事であることを再認識することができて有意義だった」と答えてくれました。いずれの感想も，実習を通して非常に重要な気づきがあったことが理解できます。

　施設実習では，実習後のふり返りも重要であると前述しましたが，実習を通して変化した意識を再認識することが，保育者としての専門性を高めることにつながります。特に施設実習は，他者とのかかわりを通して自分自身を見つめ直す絶好の機会となります。施設実習で得た知見を今後の学びの礎とし，保育者としてさらなる高みをめざしてほしいと思います。

43

18 教育実習

　教育実習に向けて学習を積み重ねた学内での事前の学び，実践の場である幼稚園や認定こども園で経験し，身につけることができた学びはどのようなものであったのでしょうか。念願の幼稚園教諭・保育教諭となって「先生」として子どもたちとともに園生活を始める時はもう目の前に来ています。大小の差はあれ，実習で出合ったこと・見聞きしたこと・学んだことは，これからのあなたの考えや言動に影響するのではないでしょうか。今一度，教育実習で経験したことを思い出し，学びをふり返ることで，自分自身の成長や現在の実践力を確かめてみましょう。

☐ 事前指導より

① 教育実習の必要性を理解する

　幼稚園は学校教育法第1条により学校として位置づけられており，幼稚園教諭になるためには教育職員免許法で定められた教員免許が必要です。教員養成校では多くの学科目に加えて教育実習が必修科目となっており，事前指導，教育・保育現場での実践，事後指導が義務づけられています。

　幼稚園教諭・保育教諭をめざす学生は，今日の国際化・情報化・少子高齢化・子どもの貧困等，社会における多様な課題が渦巻く中で，幼児期の望ましい教育・保育を担う教員になるという自覚と熱意をもって教育実習に臨むことが求められています。あなたは実習の必要性を理解し，その機会を十分に活用して真摯に実習に取り組みましたか。

② 教育実習でめざすものを認識する

　教育実習の期間は4週間が基本ですが，各校の実習計画に基づき，1週間の観察実習を経て3週間の本実習が行われることもあれば，1年ごとに2週間ずつ，2年間をかけて行われることもあったでしょう。いずれにおいても，下記のような目標を達成することをめざしていることは，事前指導で認識していたと思います。

> ・幼稚園教育や認定こども園の教育・保育の実際やいろいろなあり方に触れ，観察・参加等の機会を通じて幼児理解を深めるとともに，それぞれの園がもつ教育・保育理念や特徴を理解する。
> ・実習生としての自覚をもち，幼稚園教諭・保育教諭への志向性を高め，必要な専門性と実践力を身につけ，自己の課題に気づき，問題解決へのさまざまな方法を学ぶ。
> ・幼稚園教諭・保育教諭としての役割を認識し，実習後の学習意欲を向上させ，幼児教育に対する意欲と責任感を高める。

第1章　わたしが学んできたこと

あなたは目標をどのくらい達成できたと思いますか。自分の課題をはっきりと認識し，その後の学内での学びに励み，課題解決ができましたか。実習は自分の力を量る絶好の機会だったのではないでしょうか。

③　実習に行くまでにしておくべきことを確認する

「実習は大変！」だという学生が多く，具体的には「早起き」「指導案作成」「指導してくださる先生とのコミュニケーション」「寝不足」等が大変だという声が聞かれます。実習生生活が日常の学生生活とあまりにもかけ離れていると感じるからでしょうか。しかし，実習だからといって特別なことを求められるのではなく，日常生活のスキルを問われる場面が多いと思います。生活習慣に関する見直しも心がけるべきですね。

実習に行く学生は「自分自身は実習させていただくにふさわしい学生であるか」を自問自答することが必要です。教員養成校に通っている学生は周囲から「幼稚園や認定こども園の先生になる学生」と見られており，その見地から常に態度や言動の良し悪しが判断されていることを肝に銘じておくことが必要です。たとえば，交通ルールを守っていますか。車内で大きな声で話していませんか。言葉遣いはどうでしょうか。日頃から子どもにとって「憧れの存在」となることを意識し，生活することが大切です。

④　教育実習で学ぶことを認識する

国立大学協会教員養成制度に関する特別委員会による「大学における教員養成」の中に「教育実習は，授業経験を得る機会であるばかりでなく，教育のさまざまな現実の姿，ひとりひとりの子供の個性，子供たちの集団の現実，子どもたちの遊びや生活の実態，教師の生き方や教師集団の姿などに具体的に接触する機会であり，それらを通じて教育科学の実践的認識をふかめる機会でもある」との記述があります。[8]

この記述からは実習園での多岐にわたる経験を得て，「学生が今まで学内で学んできたことを保育の現場で確かめながら実際に子どもと接し，幼稚園教諭・保育教諭としてのかかわりを考え，実践すること」「幼稚園教育要領や幼保連携型認定こども園教育・保育要領に記載されている事柄を幼児や幼稚園教諭・保育教諭の具体的な姿を通して理解し，納得すること」が求められていることがわかると思います。得た知識は活用されてこそ，成果となって自分に戻ってくることを実感してほしいものです。

◘ 教育・保育現場での実践より

① 実習生として求められる態度・言動

「実習させていただくにふさわしい学生」であるあなたの実習が始まりました。担当の先生よりも先に，大きな声で挨拶することができましたか。挨拶は人とのかかわりの第一歩です。自分から心を開き，積極的にコミュニケーショ

45

ンをとりましょう。明るい笑顔，はつらつとした動きも必須条件ですね。

指導してくださる先生方は，あなたの「見たい，聞きたい，学びたい」という意欲・熱意を期待しています。子どもとのかかわりで困ったことやうまくいったこと，教材研究や指導案の作成等について報告・連絡し，質問・相談することを心がけましょう。

② 教育実習の実際

教育実習では登園前・降園後の環境整備，出迎えや見送り，一人一人の発達に応じた援助，一緒に遊ぶ中で気づく言葉かけの大切さや子ども理解，ともに食事をすることで知る食育のあり方，子どもの笑顔を期待しながら行う教材研究，試行錯誤を繰り返し練り上げる指導案作成，一日の生活を思い浮かべ綴る実習日誌等，さまざまなことを経験します。就職後に幼稚園教諭・保育教諭として必ず出合う場面です。

同じ実習期間，同じ実習日誌の用紙を与えられても，それぞれの意欲や熱意で学びの量・質は違ってきます。実習園の事情にもよりますが，指導案を作成する責任実習はできる限りさせてもらいましょう。「失敗したらどう思われるか」と，行う前から尻込みする学生がいます。経験に勝るものはありません。経験を積み重ねてこそ自分の課題が見つかるものです。積極的に実習に取り組んだあなたなら実感できたのではないかと思います。

□ 事後指導より

① 実習のふり返り

「先生から怒られた！」と言葉にする学生には，「指導していただいた」と受け止めるように話します。しかし，同じことで指導を受けることが三度も続けば，先生も怒っておられるかもしれません。しかし他の人より多く指導していただくことができたのであれば，ありがたいことです。あなたの可能性を見込んでの指導であったはずです。

実習終了後，あなたは「楽しい実習だった」「有意義な経験ができた」「早く現場に行きたい」といえましたか。そうであれば，実習園の先生方も「よい実習生だった」と評価し，良い成績をつけてくださったのではないでしょうか。逆に「大変だった！」「あまり教えてもらえなかった」という学生に対しては「指導のかいがない実習生だった」と残念な思いをもたれ，それなりの成績になる可能性があります。

② 実習の総括

現在多くの県や市町村では，教員採用試験において教員としての意欲・使命感を評価するため教育実習の成績を把握したり，面接において実習の様子を聴取しています。学ばせていただいたことや心に残ったエピソードを，自信をもって話すことができるといいですね。就職後は実習で学んだことを土台として，

教師としての学びを積み重ねていくことになります。教師としての成長は無限です。あなたの努力を期待しています。

注1　平成30年度施行の保育所保育指針においては，第1章総則に，これまでの記述に加え「幼児教育を行う施設として共通すべき事項」が盛り込まれています。保小の連携を密にし，子どもの姿と育ちの内容を議論していくことがより一層求められていることがわかります。
　　　また，これまでは第4章にあった「保育の計画」が，第1章に盛り込まれたことにも注意しておきましょう。

⑧ 授業以外で学んだこと

❏ クラブ活動の意義

　短期大学，大学においてクラブや学生会，大学祭等の委員会に所属している
(た) 人は，それらの活動を通して自身の中にどのような能力や性質が醸成^{じょうせい}さ
れていると感じていますか。

　運動部であれ文化部であれ，部活動に真剣に取り組んでいる人なら，それぞ
れの分野における専門的技能の向上を実感していることでしょう。けれどもク
ラブ活動参加の意義は，各分野での個々の技術向上が図られること以上に，む
しろその鍛錬による人間的な成長，かつグループ，集団としての活動による協
調性，協働力の体得にあるといっても過言ではありません。

　文部科学省は特別活動の目標を，「望ましい集団活動を通して，心身の調和
のとれた発達と個性の伸長を図り，集団の一員としてよりよい生活や人間関係
を築こうとする自主的，実践的な態度を育てるとともに，自己の生き方につい
ての考えを深め，自己を生かす能力を養う」と掲げています。注1 特にその
中でもクラブ活動については，「クラブ活動を通して，望ましい人間関係を形
成し，個性の伸長を図り，集団の一員として協力してよりよいクラブづくりに
参画しようとする自主的，実践的な態度を育てる」という目標を設定し，その
参加を推進，奨励しています。これは小・中・高等学校にのみ該当するもので
はなく，短期大学・大学にも充分に汎用できる内容です。

　つまりクラブ活動，委員会活動等をはじめとした特別活動は，その参加者に
技能習得や楽しみとともに，自主性，協調性，責任感の涵養という大きな副産
物をもたらすのです。

❏ 協働（チームプレー）とは

　では，クラブや委員会活動を通して培われる「協働の精神」「協働力」とは
どのようなものでしょうか。

　「協働」とは，複数の主体が何らかの目標を共有し，ともに力を合わせて活
動すること，つまり同じ目的のために，対等の立場で協力してともに働くこと
と定義づけられています。

　その主体は私たち一人一人であり，「わたし」がさまざまな性質や特性をも
った相手の存在を認め，在るがままを受容しながら共に活動していくことを意
味します。その人間関係の集合体がチーム，つまり協働体となります。

　美術部等，個人の技を黙々と磨く分野であっても，部長，副部長，会計，渉

外等いろいろな役割を分担し，時には協力をして義務を果たしていかなければなりません。ましてや野球，バレーボール等の団体競技や交響楽団，吹奏楽団等の団体演奏においては，個々人の技能向上と同時に，優れたチームワークや高いコミュニケーション能力が要求されます。つまり，目標を達成するためにチームメンバーの個性や特性を活かし合いながら役割分担し，個人の成績よりもチームの勝利や結果を重視して各々の能力を存分に発揮し合うことが求められるのです。それをまさしく「協働」といいます。

　協働とは欠点も含めた各々の個性，特性を受け容れ合いながら，チームとしての目標をめざしてともに活動することだと述べましたが，それは言葉でいうほど簡単なことではありません。サッカー部でもブラスバンド部でも，誰か一人のペナルティエリア内での反則行為によって相手チームに得点を奪われる確率が高まったり，誰か一人の音のミスによって演奏が台なしになるという，メンバーを責めたくなるような事態は日常的に発生します。また，普段の練習意欲の温度差，性格の差異，多様な特性，ミスの多寡，能力の高低，生き方や価値観の相違等，日頃の部活動内で衝突の原因となることは山ほどあります。そのような中でメンバー一人一人をあるがままに受け容れ，尊敬し合いながらともに活動することは至難の業です。

　それでも私たちは，それらのメンバーと活動をともにする中で相手の性格や特性を理解し，相互にとってのよりよい付き合い方を学んでいくのです。たとえ，物の見方や考え方，生き方等に相違がある相手であっても，許し，許されること，認め，認められることを経験していく中で，相手を受け容れ，相手の能力を活かし，称えたいという感情が醸成されていきます。

☐ 多様性の中での協働

　年齢，性格，学歴，価値観等の多様性を受け入れ，多様な人材を積極的に活用しようという考え方，すなわちダイバーシティが謳われだしてから随分経ちますが，部活動で学ぶことのできる最も重要なことは，まさしく多様性の生み出す効果的作用だと思います。

　2年ほど前に新聞コラム欄に載っていた興味深い話を紹介しましょう。世界保健機構（WHO）地域事務局長等を歴任した人が書いた，「WHOには数多くの部署があるが，期待される効果を常に出す部署はアジア人のみならず，欧米人やアフリカ人等異なる人種が混在し，男女のバランスも取れているといった特徴があった。こうした部署では，スタッフの持つ異なる能力，経験，個性，考えが尊重され，これらがお互い補完し合っていた。組織活性化の鍵は，多様な『人間力』がうまく組織化されることだ」というものです。

　いろいろな個性や特質，特技が組み合わされてこそ大きな化学反応が起き，素晴らしい成果が生み出されるというのです。

不足部分があれば人は目的達成のために，それを補おうと努力や工夫を試みます。その積み重ねにより，個々やチーム全体の技能的成長が図られます。不足部分をもった相手への忍耐や寛容，思いやりの気持ちも養われ，構成メンバーの人間的成長にもつながります。チーム内に欠陥や不足部分があることが問題なのではなく，それを正しく認識し合わないことで問題は起こります。経済学者林徹もその著書の中で，「互いの得手不得手，強み弱みがわかれば，役割分担の段階で失敗することはない。役割分担が成功していれば，互いに信頼することは容易となり，（中略）全体としてのコミュニケーションも円滑になる[11]」と述べています。

　この地上にいくつかの性が，多様な人種が，体力面や経験値の差異のある各年齢層が，各種の特性や価値観をもった人々が共生，共存してこそ，大きな力や知恵が発揮されます。欠点や欠陥を含めた個性や特性の協働が，効果的作用を生み出すのです。

▢ 技能習得の意義

　けれども一方でクラブ活動には，個々人の技能向上という意義が厳然と存在しています。

　また良好な協働には，構成メンバー一人一人の高い能力が求められます。個々の能力が優れているほど，チーム全体としての能力も高まることは自明のことです。

　厳しい技能習得，個の力の増強過程で，人は多くの挫折，苦悩，失敗と克服を体験していきます。その繰り返しが人を打たれ強く，忍耐強い性質へと涵養していきます。

　たとえ数年間であっても打ち立てた目標に向かって真摯に精進した人は，その分野の奥義に多少は近づいたといえるでしょう。クラブ活動に限らず，大学，短大生活において何か一つのことに継続して取り組んだ人は，その分野の極意に少しは触れたといえます。それは，保育者になるためのピアノの練習や，毎日の家事でもよいのです。

　ただ，クラブ活動をはじめとする特別活動での修練の意義は，個よりも全体を優先するチームプレーを実行する中で，個人の技能向上が達成されていくことにあります。自身の属する組織，集合体の成果のために個の技を磨き努力を重ねていくことが，おのずと自身の技能進化につながるのです。

▢ 「智」の養成場としてのクラブ・クラス・委員会活動

　18世紀後半のヨーロッパの概念に「社会的相互交流」というものがあります。個人は，自分が一部を担っている社会での，他のメンバーとの交流を通して形成されていくという考え方です。その交流の中で最も重要とされていたものは，

第1章　わたしが学んできたこと

「感性の繊細さ」です。当時のヨーロッパで優れているとされた人は，他者への共感性が高く，他者に対して豊かな感受性をもっている人でした。クラブ・クラス・委員会活動では，まさにこの社会的相互交流を体験しながら他者への感性が磨かれていきます。

ギリシア・ローマ時代以来の諸学が集大成され，学問の基本とされているリベラル・アーツでは，人間が生きていく上で本当に必要な「智」を，「他者の痛みに共感し，共苦できる『感性』を養い，多文化世界で生きることができる教養を身に付けること」としています。これこそが，クラブをはじめとした特別活動の最上位の目的といえます。

不満や相違を覚える相手に共感し，共苦すること，およびその相手の能力が存分に活かされることを望むことは，非常に困難です。けれども違いや個性を正しく認識することで，相手への理解を深めることができます。理解は，感情を敬愛へと発展させる力をもっています。

クラブ・クラス・委員会活動は，自己陶冶，人間性練磨の道場だといえます。

保育者として活かす

これまで見てきたように，クラブ等の特別活動で得られたものは，卒業後の保育の現場で大いに役立つものばかりです。厳しい技能の鍛錬からは，その技能はもちろんのこと，忍耐力，持続力，根気等が培われたことでしょう。これは，子どもたちへの保育で求められる気長さや忍耐力に活かされます。また協働活動を通して得られる他者への寛容さ，及び受容力，そして組織への順応性や組織内での責任感は，職員・教諭間のチーム作業が基本である保育・幼児教育現場において，それらを習得していないと立ちいかないほどに重要な資質であるといえます。保護者も含め，生き方や考え方のまったく違う保育者同士が，子どもたちの保育・教育という責任重大な事業にともに取り組むとき，特別活動を通してみなさんの中に育まれた相手への理解と尊重，そして共感と敬愛の精神がどれほど役立つかわかりません。

大学，短大時代の諸活動により人間的な基盤が形成されたみなさんには，種々の体験が自信となって加わり，保育現場における新たな困難に立ち向かう力が備わっています。そして，その一つひとつの困難を克服していくごとに，みなさんの内に冷静な判断のできる思考力や柔軟な感性が高められ，人間性に一層の深みと幅が増していくことでしょう。

注1　平成32年度施行の小学校学習指導要領においても，特別活動に関して，挑戦や他者との協働の重要性を実感するための体験活動の充実が推奨されています。

◯ 注・引用文献

(1) 厚生労働省編（2008）保育所保育指針解説書. フレーベル館. 19-20.

(2) 文部科学省幼稚園教員の資質向上に関する調査研究協力者会議（2004）幼稚園教員の資質向上について――自ら学ぶ幼稚園教員のために（報告）.

(3) まったく解決できない領域と，自力で解決可能な領域の間に存在する領域で，他者からの援助があれば解決できるという領域。

(4) 仲淳（2010）こどものこころが見えてくる本. あいり出版.

(5) 文部科学省（2008）幼稚園教育要領解説. フレーベル館. 138.

(6) 同前. 158.

(7) 日本学校教育相談学会刊行図書編集委員会編著（2006）学校教育相談学ハンドブック. ほんの森出版. 17.

(8) 国立大学協会教員養成制度特別委員会編（1998）大学における教員養成1：国立大学協会教員養成制度特別委員会報告書. 大空社. 151.

(9) 文部科学省（2008）現行学習指導要領・生きる力. 第6章 特別活動.

(10) 尾身茂（2014）個人プレーとチームプレー. 日本経済新聞 夕刊（2014年7月3日），あすへの話題.

(11) 林徹（2015）協働の経営学. 中央経済社. 22.

(12) 山本俊正（2016）関西地区夏期研修会 キリスト教学校教育，697：6.

第1章 わたしが学んできたこと

さらに学びたい人への基本図書

❶節
倉橋惣三（1988）育ての心（上）・（下）．フレーベル館．
　現在においてもまったく古さを感じさせません。むしろ，子どもを取り巻く環境が厳しい現代こそ，子どものみならず，親と保育者を「育てる心」にあふれています。子どもの「心もち」への徹底した理解が子育ての基盤であることの重要性が納得できます。

❷節-1
上笙一郎・山崎朋子（1994）日本の幼稚園──幼児教育の歴史．筑摩書房．
　日本で最初の幼稚園が設立されて以来，日本の就学前教育・保育がどのような歩みを辿って発展してきたのかを，筆者が全国各地の幼稚園，保育所，施設，人物をたずねて描き出しています。乳幼児の教育・保育に願いをかけた人々の思いを感じることのできる本です。

❷節-2
森上史郎・大豆生田啓友（2013）よくわかる保育原理［第3版］．ミネルヴァ書房．
　保育者になるために必要とされる基本的な知識や考え方をわかりやすい表現で記述してあるため，自学自習にも適しています。各ページに〔註〕があり，発展的な学びもできます。図やグラフ，写真とその解説により具体的にとらえることができ理解が深まります。

❸節-3
仲　淳（2010）こどものこころが見えてくる本．あいり出版．
　子どものさまざまな言動や育ちを，心理学の観点から図解入りでわかりやすく解説。単なる知識の整理にとどまらず，父親としての日々の実感と，臨床心理士としての実践経験を踏まえ，より具体的で実際に生かせる「いろいろなこどもの見方」を提示してくれます。

❸節-4
川島四郎・サトウサンペイ（1986）食べ物さん，ありがとう．朝日新聞社．
　実証栄養学に基づく川島四郎の理論を，漫画家であるサトウサンペイと川島氏の対話によって，わかりやすく解説しています。人間の身体は，大地を含む自然という環境が作ってくれた，ということを実感します。食べ物さん，ありがとうと素直に感じる一冊です。

❹節-5
井村圭壮・相澤譲治編著（2015）社会福祉の基本と課題．勁草書房．
　本書は，社会福祉の各分野に関して，特に制度，法律の基本内容とその課題について論述しています。また，近年制度の改正や新しい法律の改正が続いていますが，そうした制度や地域包括システムに特化した視点から分析を行っています。

❹節 - 6

社会福祉法人大阪府社会福祉協議会児童施設部会・援助指針策定員会編（2012）児童福祉施設援助指針．社会福祉法人大阪府社会福祉協議会施設福祉部．

　本書は，大阪府内の社会的養護を必要とする児童福祉施設が，国の施設運営指針の手引書に先がけて作成したケア指針です．他の施設種別のものとは違い，現場の職員たちにより策定された，児童福祉施設の今後めざすべき支援のあり方が示されています．

❺節 - 7

無藤隆監修／倉持清美編者代表（2008）事例で学ぶ保育内容．領域健康．萌文書林．

　乳幼児期の発達や生活習慣の形成・遊び・安全教育にいたるまで，事例が多く取り上げられており，具体的にわかりやすく示されています．そして全体を通して保育者の役割に関しても理解を深めやすく，多角的な観点から学ぶことができる内容になっています．

❺節 - 8

瀧川光治・小栗正裕編著（2009）新保育の考え方と実践．久美出版．

　子どもを保育する際に，保育者は子どもの言葉や心の発達，体の発達などを見越して，一緒に遊んだり見守ったり声をかけたりしています．保育者は事前に長期から短期の計画をたて，保育が行われているのですが，「保育って奥深い」ということの基礎が学べます．

❺節 -12

山田俊之（2001）楽しいボディパーカッション①〜③．音楽之友社．

　この本は，楽器を使わずに音で遊ぶことができます．ひとりで楽しむだけでなく，ふたり以上であっという間にリズムのアンサンブルの完成です．体を使っていろいろな音を楽しみ，リズムを生み，表現を楽しんでみてください．

❻節 -14

小田豊・秋田喜代美編著（2008）新時代の保育双書──子どもの理解と保育・教育相談．みらい．

　①さまざまな子どもの特長やニーズと発達，②相談やコンサルテーションの具体的な方法，③保育の場でよくある相談内容，以上の３点について詳しくまとめられています．また，対人関係エクササイズの章もあり，読者が自らの対人関係を振り返ることができます．

❼節 -16

松谷みよ子（2011）自伝じょうちゃん．朝日新聞出版．

　絵本『いないいないばあ』の作者の自伝です．子どもと一緒に楽しんだ絵本，離婚や戦争等を考えた本の著者は，「子どもは感性が豊かだから，一つ一つの言葉を選んで，感性をつぶさないように，うまく伝えていかなきゃならない．子育ても同じ」と語っています．

❼節 -17

安藤和彦・石田慎二・山川宏和編著（2017）社会的養護内容．建帛社．

　本書は，社会的養護における児童養護や障害児の支援内容がわかりやすくまとめられている．施設実習に向けて社会的養護の体系や課題，権利擁護や保育士の倫理，支援計画と内容，専門的技術などが具体的に記されています．

❼節 -18

大場牧夫・長新太（1992）せんせい（かがくのとも277）．福音館書店．

　先生には職業人としてのいろいろな側面があり，園から離れれば一人の生活者としての多面性があることが，子どもに伝わることを願い書かれたこの絵本を通して，保育者の人間性・専門性が子どもたちの人的環境として成長に大きくかかわることを学んでほしいと思います。

❽節

林　徹（2015）協働の経営学．中央経済社．

　経営学の専門書ですが，協働の精神やチームワークの本質についての著者の分析力が散見でき，一読の価値があります。そのアプローチや理論に，保育者としての社会生活に役立つものを，多く見出すことができます。

演習課題 1 ♪

保育者をめざすにあたって
最も重要だと思うことを短くまとめよう

☐ 演習の説明

　第1章では，これまでにみなさんが学んできた保育と教職に関わる科目について再確認しました。このように学修内容を振り返ることは，理解を深めるために欠かせない活動であり，各学校の「履修カルテ」（本書4頁参照）においても求められています。

　そして，多くの学びを積み重ねてきたこの時期だからこそ，「保育者を目指すうえで最も重要な事柄は何か」について考えることが，卒業までの学修活動の質を飛躍的に高めることになるのです。また，自分自身の考えを文章にすることは，熟考するための良い機会です。社会人に必要とされる文章力を獲得するためにも重要な学びとなります。

　それでは，ここまで学んだ第1章の第2～7節を参考に，各科目群から任意の科目を1つ選び，最も重要だと感じたことを3行でまとめてみましょう。

☐ 解法のヒント

　自分自身の考えを簡潔にまとめる際のコツは「一文を短くする」ことです。ひとつの文を短くすることで余分な言葉が削られ，主張したい事柄が明確になります。文を短く区切ることを意識し，本演習に取り組んでみましょう。

第1章　わたしが学んできたこと

① 保育者になるための理念を学ぶ科目　→　科目名〔　　　　　　　　〕

② 子どもの心と身体の発達を学ぶ科目　→　科目名〔　　　　　　　　〕

③ 子どもの権利と福祉を学ぶ科目　→　科目名〔　　　　　　　　〕

④ 保育に関する方法を学ぶ科目　→　科目名〔　　　　　　　　〕

⑤ 保護者支援を学ぶ科目　→　科目名〔　　　　　　　　〕

⑥ 実践の場で学ぶ科目　→　科目名〔　　　　　　　　〕

57

第2章

わたしが保育者として
向きあっていく現代的課題

第2章では，現代の保育者が直面している社会的な状況や，求められている知識や技術・技能について確認します。社会的な状況は，それぞれの時代によって大きく異なります。そのため，保育者に必要とされる知識や技術・技能もまた，大きく変化します。重要なことは，子どもや保護者を取り巻く社会的な状況を正しく理解することと，保育者に求められていることが何なのかを把握することです。本章をよく学んで，現状をより理解しましょう。

1 少子化が就学前保育・教育に与える影響

❑ 少子高齢化の現状

日本では1989（平成元）年，合計特殊出生率が過去最低値の1.57を記録しました。その「1.57ショック」という社会問題を受け，1994（平成6）年文部・厚生・労働・建設省の4大臣合意のもと「エンゼルプラン」を策定し，危機感をもって少子化問題に取り組み始め，子育て支援政策を開始しました。そして，1995（平成7）年から10年にわたる「新エンゼルプラン」では，低年齢児（0～2歳児）の受け入れの拡大，延長保育，病児・病後児保育，休日保育などの多様な需要に応える保育サービスや，在宅児も含めた子育て支援施策を実施してきました。

しかし，少子化はさらに進行し，2003（平成15）年には「少子化対策基本法」が，また，2005（平成17）年には10年間の時限立法「次世代育成支援対策推進法」が成立しました。この年の「2005（平成17）年国勢調査」の結果，日本の年少人口（14歳以下の割合13.5％）と老年人口（65歳以上の割合20.8％）との比率が，世界の中でそれぞれの最小・最大になり，少子化も高齢化も世界一となっています。

このような状況のなか，2009（平成21）年「子ども・子育て応援プラン」，2010（平成22）年には「子ども・子育てビジョン」を策定し，子どもを主人公とする考え方に転換しました。社会全体で子どもと子育てを応援する社会の実現を目指し，2012（平成24）年に子ども・子育て関連3法が制定され，2015（平成27）年から実施され現在に至っています。

また時限立法であった「次世代育成支援対策推進法」の有効期限を10年間（2025年3月31日まで）延長し，企業や国・地方公共団体に対し，より一層子どもが健やかに生まれ育成される環境への改善を求めています。

❑ 少子化の原因と就学前保育・教育に与える影響

前近代の結婚は，家や財産の継承と労働力確保のために必要な制度的結びつきが重要な理由でした。しかし，近代では経済的理由がほとんどなくなり，結婚する男女の情緒的結びつきが重要視されるようになりました。そして，女性が家族形成と自分のキャリアとの両立を達成しようとするとさまざまな困難にぶつかり，やむを得ず晩婚・晩産につながってしまっている現状があります。結婚年齢は年々高くなり，初婚者の平均年齢は2008（平成20）年には男性30.2歳，女性28.5歳と過去最高値を示しました。[1] つまり，少子化をもたらす要因は，

未婚化・晩婚化・晩産化であることがわかります。

　さらに，1990年代半ば以降の日本社会においては，「家庭教育」すなわち家庭における「子育て」の重要性に対する政策的・社会的関心が著しく高まっています。『「家庭教育」の隘路』の中で本田由紀は，「家庭教育」に関連する既存の諸研究を，①世代間階層再生産研究，②階層と子育てに関する質的研究，③親子関係研究，④育児不安研究，⑤女性のライフコース研究の5つに分類して概観し，「家庭教育」重視が過剰に高まることは「格差」と「葛藤」を拡大すると指摘しています。

　また，日本の大半の母親は，子育てに関して可能な限り配慮や努力を注ぎ，子どもの可能性を最大限に伸ばそうとし，地域社会の中で普通の大人になってくれればよいと望んでいると指摘する一方で，教育熱心な高階層の母親の子どもの一部には，母親の与える「有益な」諸経験に対してかなりストレスを抱く例もあり，生活における余裕のなさがバーンアウトをもたらすリスクもあると述べています。

　家族が小規模化・核家族化し，子育て負担が母親の肩に重くのしかかり，子育てに多額の費用をかける風潮が作られ，少子化が進むほどに少ない子どもが親の視線を全身に浴びて育っているのが今の家族の状況です。早期教育の低年齢化と相まって，親の経済的負担を増大させ「家庭教育」の「格差」と「葛藤」が拡大しています。今後，子育てについては，夫婦や家庭の問題としてだけ取り組むのではなく，国や自治体，企業を巻き込んで，子育てを応援する社会の実現を目指していかなければならないといえます。

② 保護者の不適切なかかわりと保護者支援

❑ 児童虐待の現状について

このテキストを手にしているみなさんは，保育所や施設の保育士，幼稚園教諭をめざしている人が多いと思います。その理由は「子どもが好き」「子どもがかわいい」「子どもの成長を見たい」という思いが強いでしょう。子どもが嫌いな人が，この仕事を選ぼうとはあまり思わないでしょう。

そんなみなさんが，保護者が「子どもに不適切なかかわりを行う」「子どもを虐待する」と聞いても，にわかに信じがたいことかもしれません。しかし，厚生労働省の2014（平成26）年度「福祉行政報告」によると，2014（平成26）年度の1年間で，全国の児童相談所での児童虐待に関する相談対応件数は8万8931件であり，児童虐待防止法施行前の1999（平成11）年度の1万1631件と比較すると7.6倍に増加しており，年々増加傾向にあります。また，児童虐待により子どもが死亡するという痛ましい事件も，1年間に50件前後で推移しており，その対応が急務となっています。このように相談対応件数が急速に増加しているのは，2000（平成12）年に児童虐待防止法が施行されたことや，マスメディアが児童虐待問題を取り上げる機会が増加したことにより，社会的に認知度が高まったことが原因であると考えられます。[4]

❑ 子育て環境としての保護者支援

しかし，根本的な原因はそれだけではありません。近年，家庭における「子育て環境」の大きな変化がよく議論されています。核家族化や地域との関係の希薄化を背景とした育児機能の低下，離婚の増加，不況による雇用不安といった経済的な問題などにより，本来子どもが健やかに成長していく基盤である家庭が，安定して子育てをできない状態である場合や，配偶者の育児への協力や理解がない場合など，母親が一人で子育てを抱え込まざるを得ない状況から，不安やイライラがつのり，児童虐待が起こる要因になっていることもあります。実際，子どもへの虐待者は実母が最も多く約半数を超えています。

この結果から，子どもの心身をより望ましく発達させるためには，よりよい子育て環境を整備し，保障していく必要があるといえます。

❑ 保護者の不適切なかかわりが子どもに及ぼす影響

一般的には児童虐待と聞くと，まずイメージするのは身体的虐待ではないでしょうか。しかし，児童福祉法が施行されて以降，児童虐待の概念が整理され

ました。現在では，身体的虐待，性的虐待，心理的虐待，ネグレクトに分類されています。

　たとえば，保護者が夜間子どもを放置したり，十分な食事を与えなかったりするのはネグレクトと分類され，保護者がきょうだいで著しく差をつけてかかわったり，「お前なんて生まれてこなかったらよかった」などと子どもに発言することは，心理的虐待と分類されます。

　諸外国では「マルトリートメント」という概念が一般化しています。これは(5)「不適切なかかわり」と訳され，日本の児童虐待の概念に相当し，子どもの養育やかかわりがうまくいっていないことを意味しています。児童虐待という言葉は，一般的に親やそれに代わる保護者にネガティブなイメージがともないやすいものです。そのため，近年においては子どもの養育や，子どもへのかかわりがうまくいっていないことを「保護者の不適切なかかわり」と表現することが多くなっています。この節でも以後，保護者の不適切なかかわりと表現します。

　保護者の不適切なかかわりは，子どもに対する最も大きな権利侵害であると考えられます。

　前に説明したように，保護者の不適切なかかわりは，いくつかのタイプに分けられ，それぞれのタイプにより子どもの心身への影響は異なりますが，どれも子どもの心身に深刻な影響をもたらします。また，多くの事例で，いくつかのタイプの不適切なかかわりが複合していることに注意しなければなりません。

　不適切な養育が子どもへ与える影響としては，死亡，頭蓋内出血・骨折・火傷などによる身体障害，暴力を受けた体験によるトラウマ（心的外傷），そこから派生するさまざまな精神症状（不安，情緒不安定），栄養・感覚刺激の不足による発育障害や発達遅滞，安定した愛着関係を経験できないことによる対人関係障害（緊張，乱暴，ひきこもり），自尊心の欠如（低い自己肯定感）など，さまざまな内容や程度があります。

　つまり，保護者の不適切なかかわりは，その後の子どもの人生に大きな影響を及ぼすことがわかります。保護者がいくら一生懸命であっても，子どものことをかわいいと思っていても，子どもにとって有害な行為であれば，保護者の不適切なかかわりであると判断し，適切な対応を行うべきです。子どもの側に立った視点で判断することが必要となります。

❑ 子育てをする保護者の現状と保育者の役割

　現在，子育てをしている保護者の世代は，核家族化や少子化が進行している時代に生まれています。きょうだいや子どもの数が少ないために，弟や妹，親戚の子どもなどの面倒を見るというような，乳幼児と接する機会がないまま，自分の子どもが生まれ，親になるという人も少なくありません。(6)

親になるまで子育てを身近に見たり，手伝って学ぶ機会がないなど，子ども
と接する経験のないまま親になれば，子育てに対してとまどいを感じたり，自
信がない状態になってしまうのは当然です。また身近に子育てについて相談の
できる人もいない場合，育児書やインターネットから子育ての知識を得ること
が多い傾向にあります。その例として，「あなたは親になる前に，小さい子ど
もの世話の仕方を経験したり，教わったりしたことはありますか」という調査
に対して，「育児の本を読んだ」と答えた人が一番多かったという報告もあり
ます。(7)

　つまり，子育てにおいて生じる問題は，自分の子どもをもつ前に「親」と
して育つための親準備機会が不足していることが強く影響しており，それが子育
てを難しくし，結果的に保護者の不適切なかかわりに結びついているといえる
のではないかと考えられます。

　保育者は，この問題にどうやって向き合っていけばいいのでしょうか。児童
福祉法では保育士は，「登録を受け，保育士の名称を用いて，専門的知識及び
技術をもって，児童の保育及び児童の保護者に対する保育に関する指導を行う
ことを業とする者」と規定されています（児童福祉法第18条の4）。幼稚園も，文
部科学省の「幼児教育振興プログラム」の中で，「地域における幼児期の教育
のセンターとしてその施設や機能を開放し，子育ての支援に努めていくことが
大切である」と提言されています。

　このように地域の公的子育て支援施設である保育所や，幼稚園，児童養護施
設などの児童福祉施設は子育て発信基地としての役割が求められ，実情として
最も活動をしているのは保育者であるといえます。

🗌 保育者に求められる保護者への支援

　保育者がまずすべきことは，親との信頼関係や連携を強めることです。その
ためには，日々の子どもの送迎時の会話，相談や助言，連絡や通信，行事など
の機会で親との交流を重ね，保護者に対して共感の姿勢を見せていくことが大
切です。

　そうすることで，保護者を理解し支援していくことが可能になり，保護者と
保育者が気がかりなことを相談できる関係になっていくのです。特に，子ども
に対して不適切なかかわりをしている保護者は，子育てに対して自信がない，
ストレスが高い状態であり，そのことを誰にも相談できず，自分一人で抱え込
んでいることが多いのです。

　つまり，保育者にとっての支援の対象は，子どもだけではなくその保護者も
含まれているということです。保護者自身が社会的弱者や，被害者である可能
性もあるのです。保護者の心情や背景を理解した上で支援する必要があります。

　保護者の子どもへの不適切なかかわりは，ほとんどが家庭の中で行われます。

家庭は密室で目が届きにくいですし，特に年齢の低い子どもは，権利侵害があっても自分で訴えることができません。保育者は，子どもの保育に直接かかわり，子どもと保護者との関係に触れることが多いので，それを早期に発見しやすい立場にあります。具体的には，保育場面での子どもの様子や言動，送り迎えの際に，保護者の子どもへの声のかけ方，かかわり方などに着目し，気になることや，問題を発見するという視点が必要です。

　また，保育者には児童虐待防止法によって通告義務も課せられています。保育者や保育所，幼稚園で対応できない場合や，子どもの権利侵害にかかわる兆候や事実が見られる場合は，すみやかに児童相談所や市町村などの関係機関に通告を行うことが必要です。

　保護者の不適切なかかわりに対して，関係機関とともに見守り支援にあたる場合，子どもと保護者の関係に配慮しながら支援を行います。保育者は，その変化に気づきやすく，継続的に見守りの機能を果たす重要な役割があります[8]。その際，保護者にとって，保育所や幼稚園または特定の保育者が唯一のよりどころである場合も多いので，子どもや保護者とともに歩もうとする姿勢がなによりも求められます。

　また，保育者は児童福祉法や，地域の関係機関，子育て支援機関や制度の理解を深める必要があります。保護者にその情報を伝える，機関，制度につなぐための間接的な援助をすることも，大きな役割であるといえます。

[コラム3]

児童養護施設の保育士：「大変そう」の先にあるもの

「子どもにとって身近な存在として働いてみたい」という漠然とした理由から児童養護施設で働くことを希望し，10年が経つところです。その間，「大変そう」「子どもとの関わりが難しそう」といったネガティブなイメージを伴った言葉をたびたびかけられてきました。確かにそれらは間違っているとは言い切れないのかもしれません。けれども，少し見方を変えることで，そうではない何かにも，きっと気づいてもらえるのではないでしょうか。

■ 入所児童たちとのかかわり

児童養護施設に入所している子どもたちは，「理解し難い」と思わされる行動をとることも少なくありません。衣類が汚れていても気にしない，嫌がられる行動をとることでかかわってもらおうとする，物盗りを繰り返す等，子どもによって行動はさまざまです。なぜそのような行動が見られるのかは，それまで育った家庭環境が大きく影響しています。家庭で常に汚れた衣類を着ていた子どもにとって，それを不快に感じることは困難です。まずは清潔な衣類を用意し，汚れれば着替えを促し，着替えをすれば「気持ちいいね。よくできたね」と声をかけることが必要になります。

また，大人の言うことを素直に聞く子どもだから良いというわけでもありません。家庭での大人とのかかわりによっては，

「良い子でなければ認めてもらえない」と思い，自分の気持ちを押し込めている場合もあるからです。そのような子どもにとって，大人に対して「○○してほしい」と気持ちを言えるようになることは一つの成長です。そのように，子ども一人一人，行動一つひとつに目を向け，その行動に至った子どもの気持ちを考えてかかわっていかなければいけません。大きな成果は見えにくいですが，日々の小さな成果を大切にし，ていねいに，根気強く向き合っていくことが必要です。

■ 生活に密着した支援

そして，何よりの特徴は，生活に密着した支援が必要という点です。朝に子どもを起こすことから始まり，掃除や洗濯，登校や登園の準備，食事，入浴等々，子どもの一日の生活を交代制の勤務により支援しています。子どもたちは，学校での出来事や，家族への複雑な思い等，すべてを児童養護施設の生活に反映させます。どのようなときでも帰ってくる場所であることで，日々の子どもの変化に気づき，寄り添っていくことが必要になります。また，学校では「問題がない子」と言われても，施設ではていねいな支援が必要な子どもである場合も少なくありませんし，その逆もあります。そのため，幼稚園や学校での様子，保護者とのかかわり等々，すべてに目を向けなが

ら子どもに支援することが必要です。保護者に対して子どもの様子を伝えたり，ときには子どもの気持ちを代弁したり，学校や児童相談所といった関係機関に対しても，子どものことを理解してもらい，一緒に支援していく関係をつくっていくという役割も担っています。

■子どもたちとの日々の小さな積み重ね

これまでの話を通しても，児童養護施設で働くということに対して，「やっぱり大変そう」なんていう感想をもたせてしまったかもしれません。私自身，児童養護施設で働く中で，大きな達成感を得ることは，とても難しいことだと感じています。けれども，大切なことは大きな達成感を得ることでも，難しい支援をすることでもなく，日々の小さな支援の積み重ねであるとも感じています。

もちろん，子どもにうまく伝わらないことや，どうしたらよいのかと頭を悩まされること，子どもの言動に振り回されてしまうことは多々あります。けれども，児童養護施設に入所している子どもたちにとって，何よりも必要なことは，日々の安心・安全な生活を送ることであり，そこに大人が変わらずに寄り添っていくことです。毎日「いってらっしゃい」「おかえり」と声をかけること，おいしい食事を一緒に味わい「温かいね。おいしいね」と声をかけるこ

と，外で一緒に遊びを楽しむこと，そういった日常の一つひとつの小さなことこそ支援となり，「どんな小さなことでも支援になること」こそが児童養護施設で働く楽しさでもあると思っています。また，その中で，うれしさ，面白さ，悔しさ，悲しさ，色々な気持ちを子どもと共有することが，大人からの「気にかけているよ」というメッセージを伝え続けることにもなり，子どもの存在を認めることになるとも考えています。

学生のみなさんにも，まずは児童養護施設で生活をせざるを得ない子どもたちのことを，知ってみてほしいと思います。何事に対しても思い込みを捨て関心をもつこと，「なぜ」と問いかけよりそう姿勢をもつことで，それまでは気づけなかった子どもの新しい一面を知り，どのような子どもの中にも「可愛らしさ」を見つけるきっかけになるかもしれません。　　　　（徳冨佳代）

♪この本をすいせんします♪

有川浩（2014）明日の子ども達．幻冬舎.

―― 児童養護施設を舞台とし，そこで生活をする子ども達と職員とが主人公の物語です。施設で生活するということや，そこで働くということについて，物語ながらも細かく，そしてわかりやすく描かれています。「知る」きっかけになる一冊だと思います。

③ 長時間保育と子どもの発達

❏ 長時間保育とは

近年，女性の社会進出が進み，子育てと就労を両立する家庭の増加に伴い，長時間保育の充実は強い社会的な要請となっています。長時間保育とは，2015年度から本格的に開始された「子ども・子育て支援新制度」で提供される公的保育を，保護者の就労時間に基づいて2種類に区分したうちの一つです。長時間保育は，短時間保育（通常保育）よりも保育所が子どもを預かる時間が長く設定されています。新しい子育て支援制度には保育の必要量の認定という概念が導入され，それに伴い子どもは長時間，短時間のいずれかの認定を受けることになります。長時間と認定された子どもに対する公的保育が長時間保育です。短時間保育における1日の預かり時間上限が8時間であるのに対して，長時間保育では11時間とされています。

❏ 長時間保育が子どもの発達に及ぼす影響

では，長時間保育は子どもの発達にどのような影響を及ぼすのでしょうか。ここでは，米国 NICHD（国立子どもの健康と人間発達研究所）の研究データについてお話します。米国 NICHD は，子どもの発達への保育ケアの影響について1000人以上の子どもの54か月にわたる追跡研究を実施しました。その結果，保育サービスの利用は，質の高いケアが得られた場合，54か月時点で就学レディネス（レディネス：学習する際の基礎条件となる一定の知識・経験・身体などができあがっている状態）や言語能力が高くなっていました。また，長時間（週30時間以上）にわたる母親以外の保育ケア（父親・祖父母・親戚による育児，家庭保育，在宅保育，保育所における保育サービスを含む）は，保育者の訴える子どもの問題行動が増加していたものの，母親の訴える子どもの問題行動にはまったく影響していませんでした。さらに，保育ケアの質，量，保育ケアの種類が，就学前の子どもの発達に重要な役割を果たすことが明らかにされました。NICHD の研究では，乳児期あるいは幼児早期からの母親の就労，あるいは保育経験，そして夜間に及ぶ長時間保育という単一の要因のみを取り上げることよりも，家庭や保育サービスのケアの質そのものこそが子どもの発達に影響を及ぼすと結論づけています。

日本においては安梅勅江が，認可保育所の担当保育士と保護者を対象に，1歳児の5年後の発達について長時間保育を含む保育形態，育児環境等の影響を明らかにしました。その結果，「認可保育所という保育の質が保障された環境では，5年後の子どもの発達と社会適応に保育時間の長さは関連していない」[9]

ことが示されました。そして，家族で食事をする機会がめったにない子どもは，ある子どもより，他人の話しかけに答えるなどの対人面の発達と，指示に従うなどの理解力の発達が遅い傾向にあることがわかりました。この結果は，保育時間外である家庭でのかかわりがいかに重要であるかを示唆しています。まとめると，質の高い家庭でのかかわりや子育てへの十分なサポート，質の高い保育が提供されれば，子どもと保護者が実際にかかわる時間の長さは子どもの発達や適応に大きな影響を与えないということが証明されたのです。

❏ 子どもへの関わり──保育者として心がけること

　長時間保育においては，保育所保育指針が明記しているように，子どもの発達段階，生活のリズム及び心身の状態に配慮した保育の内容や方法，職員間の協力，家庭との連携は必須です。長時間保育における保育者としての留意点を以下にあげます。

　①　1日（24時間）を視野に入れた子どもの生活リズムを把握する。

　子どもの在園中の生活リズムの把握だけでなく，起床・朝食・夕食・入浴・就寝時間を含めた24時間の生活リズムを把握した上で，支援プログラムを作成しなければなりません。

　②　1日（24時間）の生活リズムを視野に入れ，子どもの環境をとらえる。

　子どもには活動的に過ごす時間帯と，ゆったりと過ごす時間帯があります。したがって，保育室は，子どもたちがゆったりと過ごせるような機能と自由で活動的な遊びの場をつくり出す機能とが備わっていなければなりません。具体的には，部屋の広さに配慮する，畳コーナー，カーペットコーナーを設ける等です。家庭での子どもたちの生活に類似した環境を整えることも大切です。子どものお気に入りの玩具・絵本を持参させる，家庭的なおやつにする等の配慮が必要となります。

　③　家庭との連携を取りつつ，子どものリズムに合わせて支援内容をつくることを心がける。

　家庭の事情等により，どうしても遅寝遅起き，睡眠不足になったり，生活リズムが不規則になる子どもたちはたくさんいます。保育者は家庭と十分に連携を取り，子どもの健康的な生活リズムに合わせるように努めなければなりません。ここで大切なのは，保護者に園とともに子どもを育てているという意識をもってもらうことです。そのためには，送迎時や園だよりなどで子どもの様子を伝えることで保護者の理解と協力を求める，親子で一緒に遊ぶ場を提供し共感の心を育む，行事など特別な日にはお弁当持参を勧める等の保護者に対する取り組みが重要です。

　④　計画性をもちつつ，その日の子どもの様子によって，柔軟に対応する。

　子どもは体調などにより，日々の生活リズムが大きく変わります。子どもの様

子を見ながら，時と場合により保育内容を変え，柔軟に対応しなければなりません。

☐ 家庭でのかかわり──保護者に伝えるアドバイス

保育士，幼稚園教諭などの専門職は，保護者に対し情報提供と子育てへのサポートをする必要があります。ここでは，保護者に伝えるアドバイスをいくつか紹介します。

① 子どもと一緒に食事をとる。

短時間でもよいので，1日に1回，子どもと一緒に食卓につき，子どもと話をすることが大切です。

② 子どもと話をする。一緒に遊ぶ。

どんな形でもかまわないので，子どもとしっかり関わる時間をもつこと，短時間でも子どもと向きあって子どものための時間を作ることが求められます。

③ 子どもとたくさんスキンシップをする。

長時間保育の子どもが家族の見えないところでがまんし，寂しい思いをしているのも事実です。子どもがめいっぱい甘えられる状況を作ることが必要です。

④ 子どもにさまざまな経験をさせる。

公園に行く，同年代の友だちの家に遊びに行く，祖父母や親戚の家に行くなど，さまざまな形でのかかわりが，子どもの言語面や対人面の発達によい影響をもたらします。

また，保護者に育児の相談相手がいるかなど，保護者の育児のサポートの有無が子どもの発達に強く関連します。育児には保護者自身がストレスをためないことが大切です。誰か相談できる人やいざという時にサポートしてくれる人を見つけておくことが子どもの発達にも良い影響を与えます。保護者がストレスをためている場合は，専門職として子育てサポーターの役割を担うのも保育者のつとめです。

☐ より高い専門性

上述のように，長時間保育そのものは子どもたちの心身に悪影響を及ぼすものではないことは多くの研究や調査から示されましたが，長時間保育下の保護者も子どもも何らかの無理や我慢をしているのは事実です。したがって，これらの子どもたちには，通常保育以上の手厚い保育が必要であり，ゆえに長時間保育に携わる保育者にはより高い専門性が求められます。このことをよく理解してください。

また，子育て支援の領域においては，今後さらに長時間保育を含む多様なニーズが求められる時代になると予想されます。保育の専門家としては，その多様化する状況に柔軟に対応し，相談機能の充実等，保護者の子育て機能を支える地域に開かれたサービスの充実が期待されます。

第2章 わたしが保育者として向きあっていく現代的課題

 保幼小の連携Ⅰ——道徳性の視点から

　みなさんは先生になったら，子どもたちにどのような心を育みたいですか。優しさ，勇気，思いやり等，さまざまなイメージが浮かぶことでしょう。
　日本では，子どもに道徳心を培うことがいじめの防止につながるとされ（いじめ防止対策推進法），心の教育が期待されています。またヘックマンは，幼児期のしつけが大人になったときの能力に大きな影響をもたらすといい，世界中で幼児教育が注目されています。
　一方で，文部科学省では幼小連携を推進しており，たとえば幼稚園における遊びを小学校低学年において取り入れることが有効だとされ，幼児教育の意義が認められています。また，保育所も幼稚園と共通の教育目的（5領域）をもっていますので，現代では保育所と幼稚園（認定こども園を含む，以下同様）と小学校が連携して道徳教育を行うことがめざされていると解釈できます。
　そこで，本節では幼児教育のみに特化するのではなく，小学校低学年の教育にも目を向け，どのように道徳教育がめざされているのかを知ることにしましょう。その上で，私たち保育者は，子どもたちに対してどのような心の育成をめざすべきなのかを考えてみたいと思います。

☐ 道徳教育は乳児期から始まる
　みなさんは小1プロブレムをご存知ですか。これは子どもが学習に集中できない，先生の話を聞けずに授業が成立しない状態が数か月継続する状態のことです。また小学校や中学校の先生方の間では，学級崩壊等でも苦心されており，子どもたちが規範を守るといった道徳性をあまり身につけていないと感じる場面があります。他方，保育現場でも，子どもたちが静かに話を聞かず，クラスをまとめるのに苦心される先生方を目にします。
　以上のことから，保育所・幼稚園・小学校の共通の課題として子どもの道徳性を養うことがあげられ，保育者と学校教員の連携が求められているのです。

☐ 乳幼児期から計画的に道徳性を培う意義
　日本では，子どもの道徳性というのは，図2-1のように乳児期から小学校入学以降も関連しながら育まれるものであり，保育者は一貫した見通しを立てた道徳教育を行う必要があると考えられています。保育者は乳幼児期だけではなく，児童期（小学校）の学びも知った上で道徳教育を計画することが必要でしょう。このように教育内容を計画的にすすめる考え方をカリキュラム・マネ

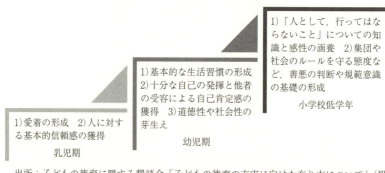

図2-1 発達段階における徳性

1)愛着の形成 2)人に対する基本的信頼感の獲得
乳児期

1)基本的な生活習慣の形成 2)十分な自己の発揮と他者の受容による自己肯定感の獲得 3)道徳性や社会性の芽生え
幼児期

1)「人として，行ってはならないこと」についての知識と感性の涵養 2)集団や社会のルールを守る態度など，善悪の判断や規範意識の基礎の形成
小学校低学年

出所：子どもの徳育に関する懇談会「子どもの徳育の充実に向けた在り方について」（報告）より筆者作成。

図2-2 道徳性の構造

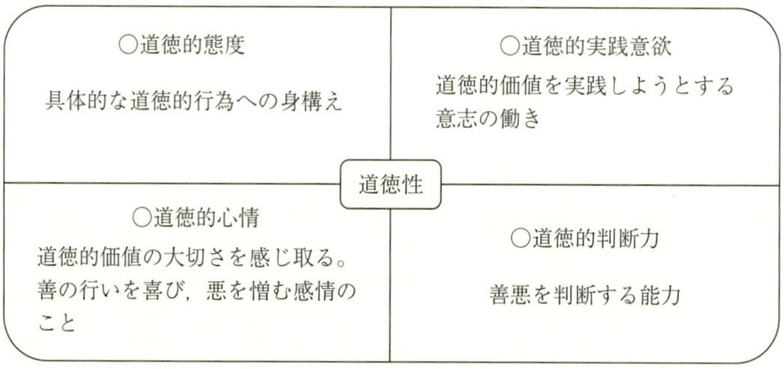

○道徳的態度
具体的な道徳的行為への身構え

○道徳的実践意欲
道徳的価値を実践しようとする意志の働き

道徳性

○道徳的心情
道徳的価値の大切さを感じ取る。善の行いを喜び，悪を憎む感情のこと

○道徳的判断力
善悪を判断する能力

出所：文部科学省（2008）小学校学習指導要領解説道徳編より筆者作成。

ジメントといいます。

　実は，戦前から幼小連携のような取り組みはありましたが，個別の取り組みにとどまり，国家の課題にはなれませんでした。その歴史的背景には，日本の教育政策が小学校を中心に進められてきたために西欧に比べて幼児教育政策が遅れてきたことが考えられます。ゆえに現代においてカリキュラム・マネジメントの観点で道徳教育政策が実施されるようになったことは，日本は教育の歴史からみて大きな転換期を迎えているといえます。

☐ 日本が目指す道徳性の育成とは

　では，現代の日本の小学校で目標とされている道徳性について把握しておきましょう。道徳性は図2-2のように主に四つに分けられます。道徳性とは一つめは子どもたちが生活をするうえで，やってよいことと悪いことがあることに気づくこと（道徳的判断力）です。二つめは善い行いをしたいと心掛けること（道徳的態度）です。三つめは道徳的に正しいことに喜びを感じること（道徳的心情）です。そして四つめは道徳的な行動をしたいと常に願っていること（道徳的実践欲）です。保育者をめざす私たちにはこのような道徳性を意識して，子どもたちの保育を発展させることが期待されています。

第2章　わたしが保育者として向きあっていく現代的課題

表2-1　幼児期までに育ってほしい道徳性

道徳性・規範意識の芽生え
してよいことや悪いことが分かり，相手の立場に立って行動するようになり，自分の気持ちを調整し，友達と折り合いを付けながら，決まりを守る必要性が分かり，決まりを作ったり守ったりするようになる。
○他の幼児との葛藤などの様々な体験を重ね，してよいことや悪いことが分かり，自分で考えようとする気持ちを持ち，思い巡らしたりなどして自分の考えをより適切にしながら行動するようになる。 ○友達などの気持ちを理解し，他者の気持ちに共感したり，相手の立場から自分の行動を振り返ったりして，思いやりを持って関わり相手の気持ちを大切に考えながら行動するようになる。 ○学級の皆と心地よく過ごしたり，より遊びを楽しくしたりするために決まりのあることが分かり，守ったり，必要に応じて作り替えたり，新たに作ったりして考え工夫し守るようになる。 ○皆で使う物が分かり愛着を持ち，自他の要求に折り合いを付け大事に扱うようになる。 ○自分の気持ちを調整しながら，友達と折り合いを付けたり，取りなしたり取り持ったりして周囲との関わりを深め，決まりを守るようになる。

出所：中央教育審議会幼児教育部会（2016）幼児教育部会における審議の取りまとめについて（報告）資料2。

　そして文部科学省は，今後の幼児期の道徳教育の目標をカリキュラム・マネジメントの視点から**表2-1**のように示しています。では，どうすればこれらが達成できるのか，実習などで経験してきたことを思い出し，保育実習をふり返ってみましょう。たとえば，子どもたちはおもちゃを取り合ってもめたり，滑り台やブランコなどの順番をめぐるけんかをしていたかもしれません。その時，保育者がもめ事やけんかを悪いことであると決めつけ，即座に解決させようとするのでは，子どもの心が十分に育まれないでしょう。たとえば，**図2-2**や**表2-1**の視点で子どもたちの道徳性を考え子どもの心の動きを冷静に分析してみましょう。そうすれば，もめ事やけんかを子どもの道徳性を培う絶好のチャンスだと落ち着いてとらえることができるかもしれません。保育所や幼稚園では，生活全てが道徳性を培うための，協同的な学びの場なのです。このようにカリキュラム・マネジメントの視点で保育者が子どもと向き合うことができれば，子どもたちは小学校入学後も一貫した道徳教育の方針のもとで，安心して生活できることでしょう。保育者は子ども一人一人の心の動きを注意深く観察できるプロフェッショナルであることが期待されているのです。

❑ 道徳教育を行うことの歴史的な重み──過去と未来

　最後に，道徳性（なかでも規範）は国・時代・文化などによって変化することを考えてみたいと思います。たとえば戦時中の日本の道徳性とは，個人のあらゆる権利を国家に捧げるという規範でした。[16]その道徳性を守ることが強いられた背景には，資源つまり軍用機を作る材料から日常生活に最低限必要な食料すら，国家に捧げなければ勝てない状況に大人も子どもも追い込まれたことが考えられます。

73

国家の道徳規範を，国民の多くが自ら支持したため，それに外れることは許されないという文化も形成されていきました。そして国家の規範を伝えることが先生の仕事でした。子どもたちは先生から学んだ道徳規範を守り，日本を応援して敵国を憎みました。戦死のお父さんを誇りに思う，死を悲しまない「強い人」になろうと懸命に努力しました。

　戦後，多くの先生たちは自分の仕事に責任を感じ，罪悪感にさいなまれ，辞職していったといいます。あの時の道徳教育は，先生たち・子どもたちにとって一体何だったのでしょうか。ここで「道徳はいかに教え得るのか」という根本的な問題に突き当たります。その答えは簡単には出ませんが，考え続けることが先生の大事な仕事です。次の日本社会をつくり上げる，未来に生きる子どもたちに必要な道徳性とは何か，みなさんからその答えが導かれるときを待っています。

第2章　わたしが保育者として向きあっていく現代的課題

 保幼小の連携Ⅱ──表現の視点から

◻ 保育者の特質・志向性について

　保育・幼児教育では，小学校以降によく示される「指導する」といった概念は希薄であり，保育者として常に子どもに共感して寄り添い，大人と子どもの気持ちを両義的にもち合わせている志向性が資質として求められています。小学校教育との連携を計画するとき，この点を顕在化することが大切な要素となってきます。つまり，保育者として，子どもをよく見ている，常に寄り添うことこそが小学校教育に活かすべき視点となるのです。つまり，保育・幼児教育は小学校教育でいう究極の「個別指導」なのです。

　そのような前提を踏まえ，保育・幼児教育の利点を活かした保幼小連携・接続を方法として進めるために，幼児教育と小学校教育の差異を知り，領域「表現」や「図画工作」の内容をある程度把握して，接続の概念モデルを示すことが重要です。

　このあと，領域「表現」の豊かさや保育のもつ遊びのフィールドを活用しながら，幼児教育の特質を活かして小学校教育に位置づける保幼小連携・接続について考えます。

◻ 保幼小連携の考え方について

　まず，接続に係る課題と現状について概観します。

　「子どもを取り巻く環境の変化を踏まえた今後の幼児教育の在り方について」（平成17年1月28日，中央教育審議会）の第2章1節−2「発達や学びの連続性を踏まえた幼児教育の充実」において，「子どもの育ちに係る今日的な課題を受け，幼児教育と小学校教育との連携・接続の強化・改善」があげられています。この答申を受け，2009（平成21）年に同時期に幼稚園教育要領の改訂と保育所保育指針の改定が行われました。また，現行の小学校学習指導要領（平成20年）にも総則にて 注1 「小学校間，幼稚園や保育所，中学校及び特別支援学校などとの間の連携や交流を図る」と記載されるとともに，「生活」の第3—1(3)には，指導計画の作成にあたり，「国語科，音楽科，図画工作科など他教科等との関連を積極的に図り，指導の効果を高めるようにすること。特に，第1学年入学当初においては，生活科を中心とした合科的な指導を行うなどの工夫をすること」と明記されています。そういった施策の指針をもとにして，良質な交流プログラムや連携のためのカリキュラム開発をめざし，保育・幼児教育の質的向上を図ることが肝要です。

❏ 保育所や幼稚園等と小学校における連携事例集について

「保育所や幼稚園等と小学校における連携事例集」（平成21年3月，文部科学省・厚生労働省）が新しい基準を示しながら，さまざまな地域の具体的な事例を取りまとめ，質的・内容的にも最新の成果を盛り込んで提示されています。そのなかで，「保育所や幼稚園等で行われている幼児期の教育は，義務教育及びその後の教育の基礎を培うものであり，幼児期の発達の特性に照らして幼児の自発的な活動としての『遊び』を重要な学習として位置づけ，保育課程や教育課程を編成し，教師や保育士が意図的・計画的な指導を『環境を通して』行っている」と明示し，それによって，「小学校以降における教科の内容等について実感を伴って深く理解できることにつながる『学習の芽生え』を育んでいる」と，「遊び」の重視と保育・幼児教育の基本的な意味的差異について，小学校教員に理解を求める表現が見うけられます。また，幼児期の教育は「一人一人のもつ良さや可能性を見いだし，（中略）幼児期の教育は，目先の結果のみを期待しているのではなく，生涯にわたる学習の基礎を作ること，『後伸（あとの）びする力』を培うことを重視している」と，幼児教育の重要性について声高に示しているものと感じます。そして，「保育所や幼稚園等における教育か小学校教育のどちらかがもう一方の教育に合わせることではない，各施設がそれぞれの果たすべき役割を果たすとともに，保育所や幼稚園等と小学校との間で幼児児童の実態や指導方法等について理解を深め，広い視野に立って幼児児童に対する一貫性のある教育を相互に協力し連携することが求められている」と連携・接続の理念を示したあと，ここでは，具体的な事例や指導案が計画的に記載されているものです。

❏ 領域「表現」で身につける力

接続に係る内容について，前掲の事例集にはない，領域「表現」に特化した新しい展開の考え方を示したいと思います。

現代の「表現」における保育・幼児教育を語るとき，造形教育を中心にプロジェクト学習化したイタリアの「レッジョ・エミリアの幼児教育」ははずせません。1991年のニューズウィーク誌にて，「最も革新的な未来の学校」として取り上げられ，作品展「子どもたちの100の言葉」が世界に巡回したことを契機に展覧会のカタログや日本でも『驚くべき学びの世界』（佐藤学監修，ワタリウム美術館編集（2013）東京カレンダー）として訳出され，多くの研究が進められているものです。

しかし，このような海外の先進的な実践教育を形式だけ取り入れても，日本ではなかなか発展させにくい背景があります。小学校の図画工作での内容A表現での「造形遊び」も，その意味を把握して展開しない現状にあるのと同じ構造と考えられます。つまり，単に遊んでいるだけのように見えるがこれでよい

のか，などという声が聞かれることは常に担当の教員を悩ます意見なのです。

□ 遊びから学力へ

　小学校での造形遊びは平成元年度改訂の学習指導要領から全学年に取り入れられていますが，実際には扱いが十分でない状況もあります。作品をつくることだけが図画工作科の活動ではありませんし，魅力的な材料や場所に出会ったときに生じる，触りたい，遊びたいという欲求をもとにした造形遊びの活動は，子どもの意欲をかき立てて豊かな感性をはぐくむ重要な表現活動であるはずです。しかし，日本では，「遊び」という概念に不寛容な面はこの場合だけでなく，常に見られるものです。つまり，レッジョ・エミリアのように，芸術表現を理解して，州の年間予算の十数％を教育に使う国とは大きな隔たりを感じるところですが，日本でも，「遊び」によって得られる力（学力）を今後，明示していくことは，保幼小連携・接続にとっても，極めて大切な事項です。

　平成30年度施行の幼稚園教育要領や平成32年度施行の小学校実習指導要領にその概念が間接的に導入される **注 2**「社会情動的スキル」または「非認知能力」〈IQ のような一部の知的能力ではなく，感情をコントロールできる能力〉（ヘックマン，2015年）やアクティブ・ラーニングのベースになっている「拡張的学習理論」（エンゲストローム，1999年）の知見を取り入れることは，幼児期・小学校低学年における美術教育（表現や図画工作）において獲得すべき学力の明確化を進めることとなり，幼児期の「遊び」の要素がますますクローズアップされて，「遊び」から「学び」の接続のとらえ方が肯定的になっていく機運を感じるものです。

□ 保育・幼児教育の「遊び」を中心に連携を考える

　保育・幼児教育での「遊び」とは，単に字義通りの広義にとらえるのではなく，体験を通して表現を自分のもの，一人称化していく過程としての意味を体得していくことにほかなりません。そして，「遊び」が混沌から秩序をつくっていく過程は，学問の本質とも同じなのです。その中では，自分の感情をやりくりしてコントロールしていくこと（社会情動的スキル）も重要な能力です。保育者は，遊んでいる子どもたちのかかわり・やり取りの中から，子どもたちと協働や集団学習（拡張的学習理論）の課題を探り，どのようにすれば子どもを伸ばせるかについて，常に思いを巡らせながら保育を進めています。しかし，小学校では，宿題をしてきたか，授業中静かにできたかなど，実質陶冶的な「視点」が学習の中心となりますが，「社会情動的スキル」の重要な要素である粘り強く追求できる力やチャレンジする気持ちなどの育成は，とりわけ幼児期や小学校低学年では身につけるべき大切な力（学力）です。また，「集団的な創造活動」（エンゲストローム）により計画される協働を伴ったアクティブ・ラーニ

ングなど，次世代の学習理論は，保育・幼児教育や小学校低学年において身につけるべき学力の重要なアイテムです。

◻ 美術館を活用した持続的・協働的な「鑑賞教育」について

　保幼小連携を具体化する連携事業として，美術館を活用した鑑賞学習の積極的な導入が今後の学習形態（プロジェクト学習）の要であると思われます。連携事業として，小学校の教室内にこだわらず，保育所，幼稚園と小学校低学年の子どもたちが一緒に美術館に出向くことにより，子どもの知的好奇心を刺激し，美術の世界の奥深さを思わせる意義は十分にあり，生涯教育としても，美術館へ足を運ぶメリットも考慮できます。

　ビジュアル・シンキングとして「自らの価値観」で鑑賞を進めて，主体的な作品の見方をグループで意見を出し合って作品に対する思索を深めていく方法など，絵の中に子どもたちが「今までに見てこなかったところ」，「気づかなかったところ」に思いを馳せれば，自己の表現に活かせる取り組みとなります。また，この場合，ファシリテイターとして，アメリア・アレナスのような対話型鑑賞プログラムを牽引する指導者の見識も必要です。美術館の教育普及セクションとして，子どもの鑑賞指導担当の学芸員が必ず美術館には置かれていますので，その部所にプランニングや指導を依頼するのが最初の突破口としてぜひ必要です。

　美術館では，子どもたちにとって，知識にとらわれず，無垢な視点で作品そのものを見る機会を大前提としているため，従来の美術の概念を再構築する「現代美術」の作品や領域にはとくに有効と思われます。保育・幼児教育では「何何みたい」「こう見える」など，「見立て」に依拠した鑑賞の導入は直截に活用できる方法ですが，その点も含めて，教育普及セクションと相談されると最も効果的な保幼小連携のプログラムを提案してもらえると思います。このような連携事業は，保幼と小学校のどちらかがイニシアティブを取って計画・実践に導くプランニングが必要ですが，どういった内容をどのように深めればいいか，お互いの打ち合わせも含め，かなりの見識や労力が必要です。しかし，内容の中心的なところは美術館の教育普及セクションに依頼すれば，保育者や教員はコーディネーターに徹することができ，また当日は実際の子どもたちの動きなどの指導に傾注できる態勢が取れます。

　このように，美術館での「鑑賞教育」により子どもの興味や関心を「領域」から「教科」へ，「遊び」から「学力」へスムーズかつ縦断的につなげる方法の一つであると思われます。今後，保幼小連携事業において，美術館の積極的な活用が大いに待たれているところです。

第2章　わたしが保育者として向きあっていく現代的課題

注1　平成32年度施行の小学校学習指導要領においても，幼小の円滑な接続や教科等横断的な学習の重視の視点は，幼小接続にとどまらず，高校卒業までを一貫した学びの過程として，さらには大学や社会などとの接続までをも展望して，「育成すべき資質・能力」を明確にしていこうとしてく方向で，接続の概念は一層強調されています。

注2　具体的には，平成30年度施行の幼稚園教育要領「総則」第２にて，幼稚園教育において育みたい資質・能力及び「幼児期の終わりまでに育ってほしい姿」の項目が新たに明記され，幼児期の豊富な体験によって身につけた学びの基礎が，小学校の各教科へとつながっていくというビジョンが顕在化されています。つまり，「社会情動的スキル」「非認知能力」の根幹である感情をコントロールできる能力や学びに向かう力は，次期改訂で育成すべき資質・能力として，重要な役割を占めているのです。

〔コラム4〕

幼保連携型認定こども園：保育のすばらしさ

■ 保育について

　私は，現在，ろばのこ保育園の園長をしています。園は120名定員の幼保連携型認定こども園です。園のある中百舌鳥の地域は，待機児童が多いため，今は定員以上の131名の園児が入所しています。当園はもともと保育所でしたが，2015（平成27）年4月に幼保連携型認定こども園（以下，認定こども園）として新しくスタートしました。認定こども園に変わろうと思ったのは，役所の意向ではない園独自の保育を行うことができるようになると考えたからです。保育利用者の1〜3号認定や措置から直接契約等々，制度の変更はありましたが，大きな点として，0歳から小学校就学前までの一貫した教育を重要視することになったことではないでしょうか。これからは，保護育成するだけではなく幼児教育を行うということです。堺市でも保育所の大半は認定こども園となり，大手の幼稚園も続々と認定こども園となっているようです。そのため，堺市で保育関係の仕事に就く場合，今後は，単一の資格ではなく，保育教諭の資格（保育士＋幼稚園免許）が必須となってくるだろうと思います。

　保育の仕事は本当にすばらしい仕事です。これからの子どもたちの未来への道筋を示していく，まさに今の世の中になくてはならない仕事です。よいことばかり言っておりますが，保育の仕事は，ただ物を作っているような簡単な仕事ではありません。時には，苦しかったり，つらかったり，涙を流したり，目標を見失うこともあります。しかし，その苦労を，毎日生活をともにしている子どもたちがはげましてくれ，一緒に歩んで行くことで，苦しいこと，つらいことを乗り越えていくことができる，他の職業では味わうことのできない仕事です。

■ 子どもの力

　十数年前，私が出会ったK君という男の子がいました。その子は，足が不自由で走ることがあまりできず，お友達と追いかけっこをしてもなかなか追いつけないような子どもでした。でも，本人は，そんなことをあまり気にかけておらず，冗談を言ってはみんなを喜ばせるような子どもでした。そんな，K君が年長組になり，跳び箱や平均台の練習を始めるようになりました。足が不自由なため，平均台からすぐに落ちてしまい，跳び箱6段は跳び越えることはおろか，乗ることさえも困難でした。年中組から一生懸命練習していたのですが，なかなか思うようにはいきません。K君に「跳び箱跳びたいか？」と聞くと，「わからない」という返事でした。K君の保護者も「この子が楽しくすごしてくれればそれでいい」ということでしたので，私も，これからどのようにして練習を行っていいのか日々悩んでいました。

80

第2章　わたしが保育者として向きあっていく現代的課題

　ある日，K君が「跳び箱跳びたい」と突然言い出しました。聞くと，何人か同じクラスの友達が跳べるようになっているのを見て，跳びたいと思うようになったそうです。それからK君との本格的な練習が始まりました。K君の保護者にも跳べるようになって自信をつけ卒園してほしいと，何度も気持ちを伝え，協力してもらえるようになりました。毎日，毎日，練習が続き，周りの先生や友達も毎日応援してくれていましたが，なかなか跳べるようにはなりませんでした。何度もK君は心が折れそうになることはありましたが，一生懸命練習しました。そして数か月が過ぎ，とうとうその時がやってきたのです。

　叫びながら跳び箱に向かって走っていき，そして，見事に跳び箱6段を跳び越えていったのです。私は，信じられない気持ちでいっぱいでした。半分，心の中で跳べないかもしれないとあきらめていたのかもしれません。でも，夢でもなく跳び越えていったのです。すぐにクラスの友達や先生を呼んでもう1回跳んでもらい，それをみんなで見ました。みんなの声援の中，K君は見

事に跳び越えることができました。みんな大喜びでした。その後，お母さんにも見てもらいましたが，泣きながら喜んでいました。子どもは，すごい力をもっている。すごい可能性ももっている。やる気になればなんでもできる。そんなことを感じることができた出来事でした。そして，私もこのことにより，とても成長することができました。

　みなさんも，これから子どもとかかわる仕事をする人が多いと思いますが，これほど自分自身が成長できる仕事はなく，自分が成長して感謝される仕事はありません。

（前田泉穂）

❗この本をすいせんします❗

大越俊夫（2006）こう考えると人生変わるよ．PHP研究所．

──教育者である著者の本は，私にとって，子どもに対する教育観や職員の指導法の基礎となっています。特にこの本は，若い人に読んでほしい一冊で，人生の岐路に立ったときの道しるべになるのではないかと思います。

6 子育ち環境と子どもの運動能力

❏ 子どもの運動能力，身体活動量の現状

　近年，子どもの運動能力低下の問題は，社会問題となり，肥満，生活習慣病，ストレスに対する抵抗力の低下など，子どもの心身に影響を及ぼすだけではなく，社会全体の活力がなくなることが危惧されています。子どもの運動能力の低下の原因は，①保護者をはじめとした国民の意識の中で，子どもの外遊びやスポーツの重要性を軽視するなどにより，子どもに積極的に体を動かすことをさせなくなったこと，②子どもを取り巻く環境については，生活が便利になる，など子どもの生活全体が，日常的に体を動かすことが減少する方向に変化したこと，③スポーツや外遊びに不可欠な要素である時間，空間，仲間（サンマ：3つの間）が減少したことがあげられます。[20]

　子どもの身体活動量をみると，子どもの運動能力が最も高かった昭和50年代の幼児は，一日に約3万歩，歩いていたそうです。現在，さまざまな研究調査から幼児の歩数は，半減，もしくは1万歩にも満たないということもいわれています。その世代以降，日本では，社会環境が大きく変わり，子どもは，テレビ，インターネット，ゲーム，携帯電話を使ったゲームなどに興味をもち，体を動かして友達と戸外で遊ぶ機会が減少しました。しかし，このような問題は，実は日本だけの問題ではなく，アジアでも欧米でも，子どもの身体活動量の減少が問題となっています。2009年，ＷＨＯ（世界保健機関）は死亡リスク要因として，第1位が高血圧，第2位が喫煙，第3位が高血糖，そして身体活動不活動を，第4番目の原因にあげています。[21] また，わが国の同様の調査結果では，第1位が喫煙，第2位が高血圧，第3位が身体活動不活動となっています。[22] 日常生活における身体活動は，寿命が延長されるだけでなく，健康寿命の延長にも影響し，やがては，ＱＯＬ（生活の質）の向上にもつながってくると思われます。

❏ 幼児期運動指針

　これまでわが国では，子どもの運動能力低下の問題は，小学校，中学校，高等学校でクローズアップされていました。しかし，子どもの運動能力低下は，小学校に入学してからの取り組みや対策では，すでに遅く，幼児期から運動能力向上に向けた取り組みが必要であると，さまざまな調査結果から報告されています。そこで，2007年から2009年度の3年間にわたり，文部科学省は，「体力向上の基礎を培うための幼児期における実践活動の在り方に関する調査研

究」に取り組みました。その内容は，全国21市町村の実践地域を指定し，各教育委員会が中心となって実践協議会を設置して，単に運動能力の向上を図るだけでなく，幼児の望ましい生活習慣の形成，運動習慣の改善や定着化等を図ること，また幼児の運動や体力に関する大人（保護者，保育者）の意識の改善を図ることを目的に実践活動を展開しました。そして，文部科学省は，2012年3月わが国で初めて幼児を対象に，保育所や幼稚園における身体活動のみならず，家庭や地域での活動も含めた一日の生活全体の身体活動を合わせて，「様々な遊びを中心に毎日合計60分以上楽しく体を動かす」という目標を掲げ，「幼児期運動指針」を策定しました。

　この「幼児期運動指針」のポイントは，①多様な動きが経験できるようにさまざまな遊びを取り入れる，②楽しく体を動かす時間を確保する，③発達の特性に応じた遊びを提供することの3つです。幼児は，心身全体を働かせてさまざまな活動を行うので，心身のさまざまな側面の発達にとって必要な経験が相互に関連し合い積み重ねられていきます。このため，幼児期において，遊びを中心とする身体活動を十分に行うことは，多様な動きを身につけるだけでなく，心肺機能や骨形成にも寄与するなどの利点があります。そしてこれは生涯にわたって健康を維持したり，何事にも積極的に取り組む意欲を育んだりするなど，豊かな人生を送るための基盤づくりとなります。具体的には，①体力・運動能力の向上，②健全な発育・発達，③意欲的な心の育成，④社会適応の発達，⑤認知的能力に効果が期待できるとされています。

☐ 幼児の運動能力低下の問題

　幼児の運動能力は，現在どうなっているのでしょうか。**図2-3**を見てください。この図2-3は，森司朗，近藤充夫，杉原充夫が中心となって，東京教育大学心理学研究室作成の「幼児の運動能力検査」を長期間にわたり全国規模で調査した結果です。

　T得点とは，2008年の各運動能力測定種目の平均を50とし，50より大きい値は2008年の測定結果より高く，50未満は，2008年の測定結果より低いことを示しています。その調査研究では，1966年男児5574名・女児5122名，1973年男児2915名・女児2607名，1986年男児4570名・女児4453名，1997年男児6541名・女児6274名，2002年男児6126名・女児5933名，2008年男児5887名・女児5615名の幼児を対象として全国で大規模調査を行い，約40年間にわたって実施されました。測定項目は，25m走，立ち幅跳び，ソフトボール投げ，両足連続飛び越し，体支持持続時間，捕球，テニスボール投げを測定しています。この結果は，1966年から1973年にかけて全体的に向上しますが，1986年から1997年にかけて全体的に低下がみられ，1997年以降は，ほぼ変化を示さなくなる傾向であり，幼児期の運動能力の低下が確認できます。日常の身体活動量の低下による運動

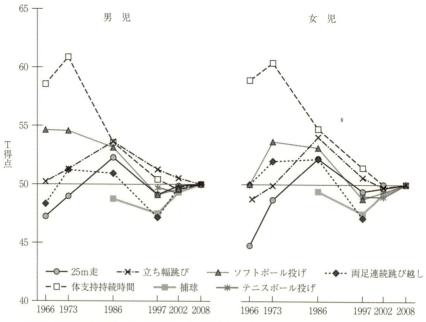

図2-3 1966年から2008年までの幼児の運動能力の時代推移

出所：森司朗・杉原隆・吉田伊津美・筒井清次郎・鈴木康弘・中本浩揮・近藤充夫（2010）2008年の全国調査からみた幼児の運動能力. 体育の科学, 60：56-66.

能力の低下や肥満につながり，素早い身のこなしができないことから転倒やけがにつながります。また子どもの運動能力の向上は，運動有能感が得られ，活力ある日本社会の基盤をつくれるものと思われます。

□ 幼児期における運動あそび

みなさんは，専門科目において「子どもの保健」，「健康」などさまざまな分野で「スキャモンの発育曲線」を学んできたことと思います。スキャモンの発育曲線は，一般系，リンパ系，生殖系，神経系があります。スキャモンの発育曲線は，生まれてから20歳までの発育量を100％とした割合で考え，「神経系」は生後急激に発達し，幼児期6歳までに成人の約90％，10歳で，つまり小学校3年生で成人の約100％まで達します。

運動や遊びで大事な神経系の発達は，言い換えれば幼児期6歳までに約90％決まってしまいます。このことを考えると，幼児期に運動する，遊ぶことはきわめて重要な時期であることが理解できます。もし，幼児期にさまざまな運動を行わないと，思わずつまずいてこけそうになっても，「手が出ない」「とっさに防御できない」などまったく動けず，「けがをした」，「骨折した」などの原因にもなりかねません。

本来，子どもは体を動かすことで，汗を流す楽しさ，熱中することの楽しさ，仲間と協力することの楽しさなどを学び，そしてそれは最終的に運動能力の向

上につながるのではないでしょうか。そして，子どもが，体を動かす楽しさを通して，たとえば，友達と積極的に話ができるようになった，ご飯を残さず食べられるようになったなど，生活全般において自信をもって行動することができるようになったということを，保育所や幼稚園の保護者や保育者から聞きます。

　では，幼児期にどのような運動あそびを実施したほうがいいのでしょうか。幼児期の子どもの運動あそびは，偏った運動ではなく，さまざまな運動を行うことをお勧めします。専門用語でいうと，「移動系運動動作」，「操作系運動動作」，「平衡系運動動作」という3つの運動動作を混ぜながら楽しく運動あそびを行うことがポイントです。「移動系運動動作」は，体をある地点からある地点へ移動する，つまり，走る，跳ぶ，スキップ，ギャロップ，くぐるなどの動作です。「操作系運動動作」は，自分の体以外のものを使って操作する，つまり，投げる，ボールを蹴る，ボールを転がす，かつぐ，バットを振るなどの動作です。「平衡系運動動作」は，自身の身体をバランスよく保つ姿勢保持，つまり，まわる，浮く，逆立ちする，わたる，ぶら下がるなどの動作です。このような基本的な動作は，約80種類以上あるといわれています[26]。みなさんが，保育者になったときに，これらの3つの運動動作をうまく交えながら，子どもたちが楽しいと思えるような，子どもたち自身の内発的な動機を促すような遊びの中で取り入れていくことが重要です。

子どもの生活環境と表現する力

　子どもたちが思いどおりに描けるようになる，つくれるようになる，話せるようになるためには，多くの人とのかかわりの中で描いたり，つくったりしたものを見てもらえる，話を聞いてもらえる，認めてもらえる状況や環境を整えていくことが求められています。将来，保育者になろうとしているみなさんは，子どもが思ったことを誰かに伝えたくて，絵にして描いたり，ものをつくったり，話をしたり，を通して色や形，言葉に表していく場面に出合うことがあるでしょう。この節では子どもたちがこのように人やもの，環境とかかわっていく中で，思いを安心して表していくために，大切にしてほしいことについて学びます。

□ 子どもを取り巻く環境の変化

　現代はものが豊富にあり，情報もインターネット等により個人で得られるスピードや蓄積できる量がどんどん増えている状況です。それはまた，たくさんのものや情報を簡単に手に入れられるということが，逆に現代的な問題点であるといえます。タブレットやテレビなどの画面から視覚や聴覚をとおして映像や画像，音声などがいくらでも入ってきます。幅広い分野からの情報を大量に，しかも速くに得られる現代の環境は，ものや情報が手に入りにくかった時代とは異なり，よく吟味することなく手軽なものや刺激の強いものを好んで選んでしまう傾向にあります。保育者も保護者も手間のかかるものはついつい避けてしまいがちですが，その手間こそ惜しまないようにしてほしいものです。

　身近なところを例にとってみましょう。食事の準備をするときに静かに待っていてほしいという理由から，乳幼児にタブレットやテレビの動画を見せて時間を過ごさせるという場面を目にすることがあります。この状況は，子どもの反応に関係なく一方的に視覚から入ってくる刺激を受け入れている状態です。つまり空間に一人にされているのと同じだといえるのです。

　この状態は，子ども自身の創造性をつくりだしにくい環境になっています。子どもは人やものに自ら働きかけることで，多くのことを身につけていきます。自発的な動きの中で環境の性質を知り，さまざまな情報を得ます。そこで得られた情報は多岐にわたって関連してくるのです。たとえば，子どもは絵を描くことで画用紙の大きさに合わせて描くことを知り，パスで形を塗りこむときには力の強さなどの調節をすることができるようになります。子どもは自らの働きに対して反応するものや，さまざまな状況に対して変化する素材で，創造性

を発揮して遊びをつくりだすことができるのです。

　このような中で，保育者や保護者は，子どもの興味関心が持続して繰り返し遊べるものを選び，物的環境を整えることが必要です。それに加えて大切なことは，子どもに対して長くかかわることができる人的環境を整えることです。子どもは保育者・保護者がつくりだす生活環境の中にいるため，遊ぶ人やもの，場所を保育者・保護者が選ぶことになります。子どもを取り巻く生活環境は保育者・保護者の影響を強く受けているといってよいでしょう。

❏ 描画材，道具の特性を子どもに伝える

　子どもは造形活動をするときにさまざまな描画材，道具を使います。絵を描くときにはマーカーやパス，絵の具などを使い，紙を切るときにははさみを使います。紙を接着するときにはのりや接着剤を使い，貼り合わせるときにはセロハンテープや両面テープなどを使います。子どもたちが描画材，道具の使い方をはじめから知っているわけではないのです。そこで保育者や保護者は，描画材や道具の使い方を子どもたちが興味や関心をもてるように伝えることになります。

　たとえば，絵の具を使って絵を描くときに，筆に付けた絵の具が伸びのよい状態で描くのと，引っかかるような状態の絵の具では描き心地が違います。心地よく描くためには，絵の具に対して適量の水が必要になります。水をたくさん入れ過ぎると薄い絵の具になり，少な過ぎると濃い絵の具になり引っかかってしまいます。さらに，使う筆の毛の量の違いで描き心地が変わります。毛の量が多いものはたくさん絵の具を含ませることができるので，長い線を描くことができますが，毛の量が少ないと絵の具を含ませる量が少なくなり，線が短くすぐにかすれてしまいます。

　初めてはさみを使う時に，保育者や保護者がはさみの使い方を子どもにうまく伝えられなければ，はさみを使えない状態が続くことが考えられます。はさみを初めて使うときは，はさみをもった手を握れば紙が切れることを体験します。さらに握る，開くことを繰り返すと，切る長さが伸びていくことを経験します。知らなかったことを知り，できなかったことができるようになるということは，道具の特性を知り，技術を得る大切な機会です。このように描画材や道具の特性を子どもたちに伝えるためには，みなさん自身が子どもたちと造形活動で使おうとする描画材や道具の特性を知り，使い方を身につけた上で活かすことを考えてみましょう。

❏ 子どもの表現を活かす素材を準備する

　みなさんは将来，子どもたちと生活していく中で，体験したことを何かの形に表していく，残していくという場面に出会うでしょう。そのような時手足の

形や手足を動かした後の形を，そのまま残すことができる粘土は優れた素材です。しかも，子どもの年齢や活動内容に合わせて，粘土の量や種類，固さを調節することができます。たとえば，握力の強くない3歳児に強い力を加え続けないといけないような固い土粘土を準備しても活動が思うように展開していきません。できることを見つけて土粘土にかかわろうとしますが，思いどおりにならないとその場で活動は終わってしまいます。しかし，子どもの握力や力にあった土粘土を準備すると活動は発展していき，子ども自身の思いを形に変えていくことができます。

　粘土には紙粘土，小麦粉粘土，土粘土，油粘土などたくさん種類があり，どれも同じ感触のものはなく特性も違います。紙粘土，小麦粉粘土，土粘土は水分を含んでいるので，時間の経過とともに乾燥していき固くなります。やわらかい状態にするには，水を混ぜ込んで水分量を増やす必要があります。園でよく使われている油粘土は乾燥しないようにできています。乾燥しないので固くならないというわけではなく，温度によって固さが変わります。夏に使う油粘土と冬に使う油粘土では固さに違いがあります。子どもたちがすぐに活動するためには，油粘土を事前にもんでおき，手の温かみを油粘土に伝えておくとよいでしょう。そうすることで形がつくりやすくなります。冷たい油粘土のままだと思うように活動することができません。このようにそれぞれの粘土の固さを調整する方法を知っていると，準備の段階で活動する年齢や活動内容に合わせることができます。含まれている水分の量で固さの変わる紙粘土，小麦粉粘土，土粘土と，温度によって固さの変わる油粘土では扱い方や活動内容が変わってきます。

　たとえば，保育者は**写真2-1**のように3歳児の活動では，やわらかい土粘土と個々でも活動ができる場をつくります。**写真2-2**のように5歳児の活動では，板状にした土粘土と共同で活動できる場をつくります。このように年齢に合った環境と素材の状態を変えるためには，準備する素材に対する知識と経験が必要になります。

❏ 子どもの表現活動へのかかわり

　子どもたちの反応は素直です。興味や関心のあることは活動が継続しますが，思いどおりにいかないことが続いたり，簡単にできてしまったり，できることばかりしているとすぐにあきてしまいます。しかし，子ども自身が新しい発見をしたときには興味や関心がうまれ，追求していきます。少し時間がかかっても，自分自身で見つけたものは身について忘れませんが，自ら見つけ出したのではなく，他人から与えられたものはすぐに忘れてしまいます。手軽に見つけるために急いでしまうと大切なものを見失っているかもしれません。子どもを取り巻く環境の中で，子どもが行っていることに手を出してしまいがちですが，

第2章　わたしが保育者として向きあっていく現代的課題

写真 2-1　3歳児の粘土の活動

写真 2-2　5歳児の粘土の活動

様子をよく見極める必要があります。

　また常に認め続けられると良し悪しの判断ができなくなり，認められなければ意欲を失います。つまり，求めすぎず放っておかないというかかわり方が大切なのです。草木は放置していても伸びていくように見えますが，実は手入れをしてあげることで心地よく育っていきます。それぞれの草木の特性を見極めたうえで，毎日手を入れた庭と手を入れない庭とでは育ちに影響がでてきます。将来，保育の専門職に就くみなさんは，子どもにできるようになってほしいことについて，大切にしないといけないことを見極めた上で，関わっていく力を身につけてほしいものです。

◻ 子どもの表現する環境

　自己の思いを子どもが表すときは，生活環境の中で経験したことを誰かに伝えたい，また共有したいという思いが行為や行動の中でさまざまなかたちになって表れます。たとえば，子ども自身が絵を描くことを，自己の思いを伝える有効な手段であることを認識すると，積極的に絵を描いて他者とコミュニケーションをとるようになります。そして絵を見せる相手や描く機会が広がっていくと，やがて独自でつくりだしたものをいくつも描くようになります。これらはつまりコミュニケーションの手段として絵を描くことを選んだことになります。このことは絵を描くことにとどまらず，自己の思いを伝える有効な手段が言葉であること，踊ること，歌うことを有効であると認識した場合は，それぞれの手段で自己の思いを表します。

　このように，子どもが自己の思いを表したことに対して見てもらえる，聞いてもらえる，認めてもらえるという環境があると意欲が生まれ，自己の思いをいくつも表すようになります。しかし，きちんと聞いてもらえない，じっくり見てもらえない，認めてもらえない状況が続くと意欲は薄れてしまい，やがて自己の思いを伝えなくなってしまいます。このようなことから子どもが安心して自己を表せるような環境をつくるには，子どもの言葉をよく聞き，子どもの活動する過程をよく見て，子ども同士，保育者，保護者とのかかわりを良好にすることが求められています。

情報化社会における保育

◻ 自分のレベルアップに向けて

　これまでの内容を通して今の自分をふり返ると，保育者として働く日までに，さらなるレベルアップの必要性を感じたのではないでしょうか。しかし，自分に足りていない部分を伸ばしていくことは簡単なことではありません。足りない部分を見つけることも難しいですし，たとえ見つけられたとしても，具体的に何をすればよいのかを考えたり，解決方法を見つけたりすることも，自分の力だけでは限度があります。

　そこで，みなさんに情報活用力の習得を提案します。言葉だけを聞くと，情報分野に特化した力を想像するかもしれませんが，現在はそれだけにとどまりません。文部科学省の「情報化の進展に対応した初等中等教育における情報教育の推進等に関する調査研究協力者会議」(1997年)によると，情報活用力は以下の3つであると示されています。

> ① 情報活用の実践力：課題や目的に応じて情報手段を適切に活用することを含めて，必要な情報を主体的に収集・判断・表現・処理・創造し，受け手の状況などを踏まえて発信・伝達できる能力。
> ② 情報の科学的な理解：情報活用の基礎となる情報手段の特性の理解と，情報を適切に扱ったり，自らの情報活用を評価・改善するための基礎的な理論や方法の理解。
> ③ 情報社会に参画する態度：社会生活の中で情報や情報技術が果たしている役割や及ぼしている影響を理解し，情報モラルの必要性や情報に対する責任について考え，望ましい情報社会の創造に参画しようとする態度。

◻ 自分のもっている力を保育に還元

　ここに登場する情報とは私たちの身の回りにあるものすべてを指しており，情報活用力はそれらとともに生きていくための力です。もう少しくわしくいうと，自分とかかわりのあるすべての情報から本当に必要な情報だけを収集（整理），分析，利用（加工・表現）する力，すなわち「情報を使いこなす力」です。これまでは，「パソコンやスマートフォンなどの情報機器を操作できること」が「情報活用力がある」，と認識されていました。しかし現在は，情報そのものをいかに活用できるかといったことの重要性も高まっています。

　そして，情報活用力を習得することによって，保育実践力や保育者としての専門性の向上が期待できます。たとえば，主体的に働きかける力，周囲の人と協力したり，協調しながら活動を進められる力，目標に向かって計画を立て，

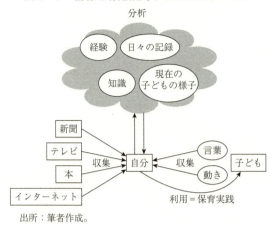

図2-4 情報を有効活用するためのサイクル

出所：筆者作成。

実行する力などのさまざまな力がそれにあたりますが，これらはすべて保育の場面で必要になる力です。保育場面における情報のサイクルを図2-4に示します。このサイクルに沿って情報を使いこなすことで，自分のもっている力を子どもたちへの保育に還元することができます。このように情報活用力の習得は，保育者としての専門性と社会に貢献するための力につながっていきます。

◻ 情報収集・検索・発信のポイント

　何かを始めようとするとき，手順がわからなければ，まずは情報収集します。しかし，手当たり次第に探し，集めていては効率がよくありません。また，それらの情報を使って自分から新たに発信をするときにも注意が必要です。インターネット上にある情報を含め，この世界に存在する情報の特徴，収集・検索・発信する際のポイントを以下にまとめます。

　① 世の中にある膨大な情報

　現代社会は，新聞やテレビをはじめ，あらゆるメディアから発信される情報で溢れています。またインターネットのWebページでも同様に，数多くの情報が発信されており，私たちはインターネットに接続できる環境さえあれば，いつでも，どこでも，ほしい情報を集められます。みなさんも知っている通り，インターネット検索の魅力は，ほしい情報のキーワードを入力するだけで情報が集められるという手軽さです。しかし，多方面から情報が得られることはよいことですが，あまりにも情報量が多すぎると，自分は何を本当に調べたかったのかを見失ってしまいます。情報に埋もれてしまわないように，自分が必要としている情報だけを，計画的に集めるようにしましょう。

　② 情報には種類がある

　世の中に存在する情報はさまざまなメディアを通して私たちの元へ入ってきますが，各々がもつ特徴は異なります。図2-5はそれをまとめたものです。

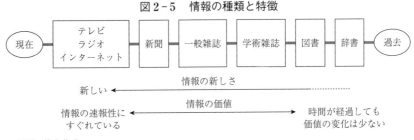

図2-5 情報の種類と特徴

出所：筆者作成。

インターネットは情報を最も速い形で発信することができます。ゆえに，今起きていることを知りたければ，インターネットでニュースサイトなどを見ると即座に情報収集ができます。では，図書や辞書の情報は古くて，情報収集に適さないのかというとそうではありません。研究者や専門家によってじっくりと練ってつくられるため，私たちの手元に届くまでに時間はかかりますが，内容の信頼性は非常に高いのです。また，著者名や出版元が記載されているため，責任の所在も明確です。自分がほしい情報はどこから得るべきか，そのつど，選択できるようにしましょう。

③ 情報の出典・情報の信頼性を確認する

正確で信頼性のある情報を収集・検索しましょう。そのポイントは4つです。(1)情報源の記載があるか（情報源の記載がないものは，信頼性に欠けます），(2)情報源の発信者を信頼できるか（また，その情報源の発信者が信頼できるかも大切です），(3)最終更新日はいつか（インターネットであれば最終更新日，図書などは出版年がそれにあたります。これを確認することで，いつの情報なのかを知ることができます），(4)情報の内容を信頼できるか（最後に内容自体の信頼性や正確性です。内容の信頼性などは，いくつかの情報源から情報を集め，それらを比較することで判断できます）。

④ 発信する責任感

インターネットの普及に伴い，誰でも簡単に情報を発信できるようになりました。しかし，自分が発信したいと思う内容を，自由に発信してよいというわけではありません。発信する場合は，発信した後のことを考えなければいけません。たとえば，その情報の内容は正確か，著作権などの権利を侵害していないか，読み手にとってわかりやすい表現になっているか，読み手が不快な気持ちになったりしないかなどです。インターネットを利用すると，相手の顔が見えません。だからこそ，細心の注意が必要です。

☐ 情報技術の活用

身近な情報技術には電話，テレビ，パソコン，そして最近ではスマートフォン，タブレットなどがあります。これらの導入によってさまざまな場面で不可能なことが可能になりました。今後もますます情報化社会は進展していくと予

想されます。そしてこれは，保育の現場でも同じことがいえます。今後の情報化社会を見据えた上で，ビデオやDVDなどの視聴覚資料の活用だけではなく，情報技術を使った保育実践の調査・報告もわずかながらではありますがあがってきています。今後の保育現場では，現在よりも多くの情報技術が導入され，子どもたちの活動や保育者の業務を潤し，より豊かなものにしてくれるのではないかと思います。

しかし，情報技術は完璧というわけではありません。性能や使い勝手について不十分なものもあり，気をつける必要があります。今後，みなさんが情報技術とうまく付き合っていくためには，まず各々の特徴の理解が必要です。新しい技術は続々と登場するため，把握し続けることは大変ですが，理解することで自らが本当に必要なものを選び，活かすことができます。

そして，そこには情報モラルが欠かせません。情報倫理という言葉で表現されることもあります。これは，他者に迷惑をかけないと同時に，自分を守るための知識です。スマートフォンの普及に伴い，それまでにはなかった課題も浮上しています。関連ニュースなどもこまめにチェックし，被害にあわないようにしましょう。

❑ スマートフォンとタブレットの利用とその注意点

スマートフォンに加え，iPadの発売以来，タブレットの利用が格段に増えました。軽量であること，画面のタッチで操作ができること，アプリケーション（以下，アプリと表記）が豊富に揃っていることなどがその理由です。しかし先ほども述べたように，その特徴をよく理解せずに利用するのは危険です。すでに知っている内容と重複するかもしれませんが，改めて両者を使う上での注意点をまとめます。

① 情報漏えいの危険

軽量かつコンパクトなので，持ち運びの利用に適しています。しかしその中には，大量のデータが入っていることを忘れてはいけません。データの中には個人情報を含んだものもありますね。紛失や盗難にあった際に大変危険です。最低限のルールとして，パスワードロックは必須です。

② ウイルス感染の危険

アプリをインストールすることでさまざまな機能を追加できます。しかしその際，ウイルスに感染する可能性が高まります。通常，アプリは公式サイトからダウンロードしますが，それ以外からも自由にダウンロードできるものもあります。そういった場合，アプリにウイルスが紛れていることがあります。不明な運営元のサイトからのダウンロードは危険です。説明文をよく読み，自己責任のもとでダウンロードしましょう。

③ 設定の再確認

無線ＬＡＮのアクセスポイントを利用することも多いかと思います。アクセスポイントには無料と見せかけて情報を盗むものもありますので，自動的に接続しないように設定しましょう。また，ＧＰＳ機能を搭載しているものは，その写真データの中に撮影日時，場所などが含まれることがあります。それを知らずにＳＮＳなどへ投稿すると，個人情報を流してしまうことになります。自分の設定状況を把握しておきましょう。

□ どうするのがベストか

現代のように社会がたえまなく進み，新しい情報技術が生まれる中での保育は，本当に難しいと感じます。しかし子どもたちの将来に，情報技術がなくなるとは考えにくいです。社会の変動に敏感になり，長所と短所のどちらも把握した上で，「どうするのがベストか」を検討できるようになってください。本書によって，情報に対する新しい気づきが増え，それがみなさんの力添えになることを切に願います。

○ 注・引用文献────────

(1) 陣内靖彦・穂坂明徳・木村敬子（2014）教育と社会──子ども・学校・教師. 学文社. 14.

(2) 本田由紀（2008）「家庭教育」の隘路. 勁草書房. 221.

(3) 同前. 23.

(4) 杉本敏夫監修，立花直樹・波田埜英治編著（2015）児童家庭福祉論. ミネルヴァ書房. 161.

(5) 厚生労働省「子ども虐待対応の手引き」. (http://www.mhlw.go.jp/bunya/kodomo/dv36/d1/02.pdf/2009/3/31)

(6) 山縣文治・林浩康編（2013）よくわかる社会的養護. ミネルヴァ書房. 46.

(7) 牧野カツコ・渡辺秀樹・舩橋惠子・中野洋恵編著（2010）国際比較にみる世界の家族と子育て. ミネルヴァ書房. 124.

(8) 庄司順一・鈴木力・宮島清編（2011）子ども家庭支援とシーシャルワーク. 福村出版. 84.

(9) 安梅勅江他（2004）長時間保育が子どもの発達に及ぼす影響に関する追跡研究──1歳児の5年後の発達に関連する要因に焦点をあてて. 厚生の指標，51（10）：20.

(10) 「幼稚園教育要領」（平成30年度施行）と「小学校学習指導要領」（平成32年度施行）について，文部科学省は「教育内容の主な改善事項」の七項目の一つに「道徳教育の充実」をあげています。また，次期「幼稚園教育要領」では「道徳性・規範意識の芽生え」や「道徳性の芽生えを培う」こと，次期「小学校学習指導要領」では道徳を戦後初めて「特別の教科」とし，「道徳推進教師」の配置を示しました。このように，道徳教育はこれから法的拘束力をもって強化されていくことになりました。

(11) ヘックマン，J. J.／古草秀子訳（2015）幼児教育の経済学. 東洋経済新報社.

(12) 中央教育審議会（2014）道徳に係る教育課程の改善等について. なお，次期「幼稚園

教育要領」と次期「小学校学習指導要領」では，幼小連携に関する記述量が現行のものよりも圧倒的に増えています。

⑬　中央教育審議会幼児教育部会（2016）．幼児教育部会における審議の取りまとめについて（報告）．

⑭　森岡伸枝（2009）幼小連携の課題——明治・大正期の京阪神聯合保育会から．聖母女学院短期大学研究紀要，38：119-129.

⑮　道徳教育の充実に関する懇談会（2013）今後の道徳教育の改善・充実方策について（報告）．

⑯　押谷由夫・内藤俊史編著（2012）道徳教育への招待．ミネルヴァ書房．第4章．

⑰　金慶玉（2014）総力戦体制期における「戦時保育」と保育施設の変容．アジア地域文化研究，11：20-41.

⑱　金沢嘉市（1962）ある小学校長の回想．岩波新書．

⑲　村井実（1990）道徳は教えられるか．国土社．松下良平（2011）道徳教育はホントに道徳的か？．日本図書センター．

⑳　文部科学省（2002）子どもの体力向上のための総合的な方策について（答申）．中高教育審議会．

㉑　WHO（2009）*Global health risks: mortality and burden of disease attributable to selected major risks:* 9-12.

㉒　Ikeda N. et al.（2011）What has made the population of Japan Healthy? *Lancet,* 378：1094-1105.

㉓　文部科学省幼児期運動指針策定委員会（2012）幼児期運動指針．

㉔　森司朗・杉原隆・吉田伊津美・筒井清次郎・鈴木康弘・中本浩揮・近藤充夫（2010）2008年の全国調査からみた幼児の運動能力．体育の科学，60：56-66.

㉕　Scamon, R. E.（1930）The measurement of the body in childfood, In: Harris, J. A., Jackson, C. M. Paterson, D. G., and Scammon, R. E. (Eds.), *The measurement of Man.* University of Minnesota Press, 173-215.

㉖　Gallahue D. L. et al.（2012）*Understanding motor development: Infants, children, adolescents, adults.* 7th edition, McGraw-hill education, 305-326.

さらに学びたい人への基本図書

❷節

ヘネシー・澄子（2006）気になる子理解できるケアできる．学習研究社．

　不適切なかかわりを受けた子どものトラウマ（心的外傷）や，トラウマ治療法について科学的根拠をふまえ，わかりやすく説明しています。保育者におすすめの一冊です。

❸節

安梅勅江編著（2014）保育パワーアップ講座基礎編．日本小児医事出版社．

　本書は経験的かつ科学的な根拠に基づく実践の基本的な考え方や方法，実践への具体的な活用例，今後の展開の３つの柱から構成され，より質の高い保育者をめざす人を対象にしたテキストです。トピックごとに事例を紹介しているので非常にわかりやすい内容です。

❹節

デヴリーズ，R.・ザン，B.／橋本祐子・加藤泰彦・玉置哲淳監訳（2002）子どもたちとつくりだす道徳的なクラス．大学教育出版．

　保育現場での道徳教育の実践方法について，教育心理学の立場から説明してあります。実際に幼児が道徳について保育者と語り合う様子が細かく記録されており，幼児の心の動きに沿った道徳性の培われ方を知ることができます。部分実習や就職後に役立つ一冊です。

❺節

アレナス，A.／川村記念美術館監修（1998）なぜ，これがアートなの？．淡交社．

　作者のアメリア・アレナスは対話を通して鑑賞指導の展開を提唱した第一人者です。美術館で参加者が自分で作品に向きあうことの大切さや自由にコメントすることを重視しているところなど，幼児教育の鑑賞にも十分活用できる内容やヒントが多く含まれています。

❻節

日本発育発達学会編（2014）幼児期運動指針実践ガイド．杏林書院．

　2012年わが国では，初めて幼児を対象に「幼児期運動指針」が策定されました。運動や遊びなど具体的にわかりやすく，説明されています。今後，保育に役立つためのひとつのきっかけとなるでしょう。

❼節

花篤實・岡田憼吾（2009）新造形表現　理論・実践編．三晃出版．

　保育専門職に就くみなさんが，幼児の造形表現にかかわるときに必要な基礎知識や理論を理解するための内容になっています。数多くの現場での実践事例は，幼児の造形表現にかかわる姿を思い浮かべることができ，実際の表現活動を学ぶことができます。

❽節

藤田節子（2007）キーワード検索がわかる．筑摩書房．

　キーワードの本質，種類と特徴をはじめ，情報検索の仕組みの解説書です。情報検索に必要なキーワード検索の方法を，問題を解きながら学習することができます。従来の検索方法である，辞書や辞典を引く際にも役立つ，情報検索の本質も掲載されています。

演習課題 ② ♪

現代的課題について
グループで討議し発表しよう

☐ なぜ，保育者は社会の現代的課題と向き合うのか

　保育者は，保育スキルや保育知識だけがあっても，それでは単なる子どもの預かり保育者に過ぎません。子どもは，誰でも社会的存在を前提とした人間として生まれてきます。人間社会の成員になるために，どの子どもにも生存権，生活権，教育権が社会から保障され，現代社会に適応できる自立した人間に成長するように，人間社会という環境によって育てられます。そのために，現在，社会を構成している大人たちが，子どもたちを育てる環境，たとえば，制度，政策，法律，家庭，保育所，地域，幼稚園，児童養護施設，公園など，生育環境といわれる社会資源の現状を把握し，点検し，どの子どもにも健幸（well being）な環境が届けられるように，改善の方向性を探り努力しています。

　みなさんは，次世代の社会を支える子どもたちに最も近いところで保育者として働くことになります。子どもたちを育てる環境に向き合い，子どもたちの幸福を願い，子どもたちが次世代の社会を担う人間に成長できるように鳥瞰的視点をもって努力することが求められます。

　本章の演習課題では，子どもたちを育てる環境に対して問題意識をもって向き合うこと，そして，どの子どもたちにも健幸が届けられるように問題を共有し，解決に向けて発信することを前提として取り組みます。

☐ 演習2の手順

　第2章の各節では，現代を生きている子どもたちの社会的な状況や環境について，問題や課題を提議しました。その問題や課題に対して，「現状把握」「問題の明確化と深化」「課題の探求」という3つの柱に留意しながら，グループで話し合い，グループごとに発表します。クラスで発表し合うことによって，多くの問題や課題に向き合い，どのような解決方法があるのか，また発信の方法をクラスの学修者全員で共有することができます。

☐ グループ（班）の編成とテーマの決定

　❶　4～5人でグループをつくります。4～5人という人数が最も話し合いやすく，意見をまとめやすい人数だと思うからです。普段あまり話したことのない人とグループをつくることを勧めます。保育者は，相手によりそう，相手に合わせることが要求される専門職なので，誰が相手であったとしても相手の話を傾聴し，相手の考えや意見を認める（賛成か反対であるかは別として）ことを意識してください。その訓練の意味でも，グループはくじ引きやじゃんけんなどで決め，普段あまり話したことのない人との組み合わせが望ましいのです。

❷　次に，グループのテーマを決めます。できるだけクラス内において偏らないようにテーマを決めることが望ましいですが，それは教科担当者とも相談して決めてください。第2章の各節をクラス内のグループで分けることもよいですし，新たな現代的課題を設定してもよいです。

たとえば，「病児保育と就労支援」「保育者はなぜ早期退職が多いのか」「認定こども園に期待される課題」「子育てにおける保育者と保護者の協働を考える」など，学生のみなさんの関心に基づいてテーマを決めるのも一案です。

□ グループ活動と発表

❶　パワーポイントを使ってクラスに発表することを前提に，グループワークを展開していきます。グループワークの柱としては，「現状把握」「問題の明確化と深化」「課題の探求――具体的な解決法の検討」を置きます。

❷　毎回ごとにグループワーク報告書を作成し，提出します（本書100頁を使用）。報告書を作成することによって，その時間のグループワークの自己評価をすることができます。また，本時間のグループワークをふり返ることによって次時間の予定が立てられ，発表に向けて計画的にすすめることもできます。

❸　グループワークは，おおよそ3〜5回の時間を使い，テーマを深め，パワーポイントを作成します。そして，グループごとにおよそ10分程度で発表します。それぞれの発表を聴いた後，また，発表した後，個々に「評価シート」（本書101頁を使用）に記入します。自分たちの発表については，赤字で記入します。すべての評価シートの記入を終えたら教科担当者に提出します。学生一人で各グループの評価シートを記入するので，教科担当者の手元には，「クラスの学生数×グループ数」の評価シートが集まっているはずですね。

□ 「評価シート」からの学び

❶　教科担当者は，グループごとに評価シートを分けて，右端を3か所をホッチキスで留めます。1グループの評価シートが，クラス人数分集まっているはずですね。さらに名前の部分を切り取り，それぞれのグループにホッチキスで留めた「評価シート」を配ります。

❷　各グループは，配布された評価シートをグループ全員で読み，どのような点が良かったと評価されているのか，どのような点が課題だと評価されているのか，整理し，それぞれのグループリーダーがクラスに発表します。

このようなグループワーク，クラス発表を通して，みなさんは多くの現代的課題と向き合うことができます。また問題を共有し，課題に向けて学び合うこともできます。

資料 2-1　グループワーク報告書

保育教職実践演習　　グループワーク報告書

月　　　日　＿＿＿＿＿　グループ　　　グループリーダー　＿＿＿＿＿＿＿＿＿

本日の遅刻・欠席者　＿＿＿＿＿＿＿＿＿

1. 本日のグループワークにおける自己評価
　（A＝とても積極的に課題をこなした　B＝課題をこなした　C＝十分に参加できなかった）

氏名（学籍番号）	自己評価	一言感想

2. 本時間にどのようなことをしたのか

3. 次回の予定

第2章　わたしが保育者として向きあっていく現代的課題

資料2-2　評価シート

評価シート

記入者：　学籍番号（　　　）氏名（　　　　　　　）

※自己評価は赤字で記すこと

（　　　）班への評価

※①～④について，尺度の適切だと思う位置に○をしてください。

例：

とても良い　　　　　　　　　　　課題が残る

① 発表内容が理解できたか

とても良い　　　　　　　　　　　課題が残る

② 「現状」「問題」「課題」の3つのポイントに整理されていたか

とても良い　　　　　　　　　　　課題が残る

③ パワーポイントは理解しやすいように工夫されていたか

とても良い　　　　　　　　　　　課題が残る

④ 発表は大きな声で，聞いている人が集中できるように説明できたか

とても良い　　　　　　　　　　　課題が残る

⑤ 評価理由，感想など今後に役立つことをアドバイスしてあげてください。
自己評価の場合は，今後の課題をまとめてください。

第 3 章

わたしがめざす保育者に
求められる 6 つの指標

　第 3 章では，保育者に求められている基本的な資
質について考えていきます。これは非常に重要なこ
とですが，みなさんもさまざまな授業で繰り返し聞
いてきたことだと思います。だからこそ時として見
落としてしまうことがあります。しかし，保育者と
いう職務は，子どもたちの命と生活を守り，成長を
支える使命を帯びています。そのため，見落としは
許されません。その厳しさがあるからこそ，みなさ
んが憧れる職業なのです。本章を通して，保育者の
原点を振り返ってみましょう。

① 子どもへの尊敬と愛情のまなざし

❏ 保育の原点としての子どもへの尊敬と愛情のまなざし

　人は生まれた時，養護されるばかりの存在と思われがちですが，内面にはしっかりと「育つ力」や「伸びていく力」を秘めています。保護者の愛情を十分に受けて，日に日に人間として体も心も成長していきます。それでは子どもは何もできない存在なのでしょうか。乳幼児は，保護者やまわりの特定の大人の愛情や支えを必要としますが育つべき力をもっています。子どもは，成長していくにあたって，ただ大人から愛情を受け，護られるだけの存在なのでしょうか。子どもは確かに大人からの愛情や支えを必要としますが，自ら育っていく力を豊かにもっている存在でもあります。

　もちろん子どもが「好き」「かわいい」という思いだけで保育者になることはできません。「好き」「かわいい」という思いの上に，使命感・責任感をもった教育的愛情で子どもたちと接していくことが大切です。保育者は保護者と同じように子どもたちへの愛情をもち，子どもを信じて成長を願う，子どもから学ぶ謙虚な姿勢をもつことで，子どもとの信頼関係が育ち，よりよい教育が実践されていきます。

　日本の幼児教育の原点をつくったといわれる倉橋惣三の著書『育ての心』（フレーベル館，2008年）に「自ら育つものを育たせようとする心。それが育ての心」また，「自ら育とうとするものを前にして，育てずにはいられなくなる心，それが親と教育者の最も貴い育ての心である」「育ての心は相手を育てるばかりでない。それによって自分も育てられていく」と記されています。自ら育とうとする尊敬すべき子どもを，保育者は保護者とともに大切に育んでいきましょう。それによって保育者も保護者も育っていきます。ともに育てられていくのです。

　子どもの力を信じ，見守り，励まし，認めて，支え，援助・支援していくことで子どもは育っていきます。自ら育つ力を引き出し，愛情をもってより大きく育てていくことが保育者の専門職としての使命ではないでしょうか。育つ子どもから育てる保育者が学ぶことがたくさんあり，お互いの結びつきの中で保育者も大きな力を子どもから与えてもらっています。

❏ 尊敬すべき素晴らしい子どもたちとともに

　保育者の誠実な思いが子どもたちの成長につながります。信頼関係が築かれたとき，子どもの素直さや優しさに出会ったとき，保育者としての喜びを感じます。

第3章 わたしがめざす保育者に求められる6つの指標

写真3-1 先生のお話

① 事例1　先生だいすき　お話聞かせて（4歳児5月）（写真3-1）

　子どもたちは，担任の先生が大好きです。はじめは集まって座る，話を聞くということがなかなかできませんが，生活しているうちに，話を聞く・話す態度が身についていきます。大好きな先生や仲良しの友達と楽しく遊ぶという経験を通して社会性が身につき，楽しい遊びをするために，みんなで生活するルールが自然と育っていきます。そのためには，大好きな先生との信頼関係でつながっていることが大切です。

② 事例2　みんなで力をあわせれば，軽いね（4歳児9月）（写真3-2）

　運動遊びの準備です。子どもたちの力の結集はすごいです。やる気いっぱいで運びます。最初に持ち方や途中で力を抜かないことなど安全面についての指導をきちんとしておくことで，約束を守って上手に運びます。お互いの心をあわせて「わっしょい　わっしょい」と声をかけあいながら楽しそうに運び，誰も嫌がらず積極的に参加します。早く準備して楽しい遊びをしたいという思い，自分たちで準備できるんだよという誇りに満ち溢れています。また，楽しく遊んだあとの片付けも協力してすることができます。

③ 事例3　一緒にしようか？　友達と一緒ならやってみようかな（4歳児10月）

　遊具を組み合わせたサーキット遊び。運動会の演技の中にも組み入れる予定です。

　ところがA男は，「したくない。しんどい。もう動けない」としゃがみこみます。

　養護教諭が様子をみても体調は悪くありません。担任が励ましますが，A男は動きません。そこにB子が自らやってきて，「一緒にいこう」といって手を差し出しました。するとA男は，すっと立ち上がりB子と一緒に活動し始めま

105

写真3-2　一緒に運ぼう！

した。
　そして，A男は翌日も運動会当日もB子のリードで楽しく参加し，「できた」という自信をもちました。友達にそっと手を差し出すだけで友達の心を動かすことのできる子どもの力に感動しました。B子のような優しさも保育者の優しい愛情を通じて育っていきます。

□ 心が通じ合わないときも

　いつも保育や子どもたちの生活がうまくいくときばかりではありません。子どもも保育者も「どうして？」と悩むとき，新たな心のつながりが生まれます。
　① 事例4　耳がへん（4歳児4月）
　C男は右耳が発達不全で形が小さい。保護者はC男の髪の毛を長くして，耳を隠すようにしていました。耳の形に気づいたD男は，驚いた顔で「Cちゃんの耳がへん！」と叫びました。担任はC男の気持ちを考え，D男に注意しようかと思いましたが，D男の真剣な顔を見ました。「Dちゃん，Cちゃんのこと心配してくれているの？」と聞くと大きくうなずきました。「へん」という言葉は，相手を傷つける場合もありますが，この場合は「自分や友達と違うけど大丈夫？」とC男のことを心配しての発言でした。担任がそのことをC男の母に話をすると，「クラスの子どもたちにC男の耳のことを話してください」とのことでした。翌日，C男は長い髪の毛を短くしてきました。子どもたちにC男の耳の形が違うけれど左の耳で話を聞けること，右の耳は手術をしてもらうことを話しました。子どもたち一人一人が真剣に話を聞いていました。
　このD男の発言で，子どもの思いをきちんと受け止めること，そして事実をきちんと伝えることの大切さを学びました。D男の思いは耳を隠そうとしてい

写真3-3　リレー

たC男の母の思いをも変えさせることになりました。

②　事例5　こま回しよしてくれない。みんなと一緒に回したいよ（5歳児2月）

5歳児の3学期になるとこま回しがさかんになり、こま回し競走を楽しんでいます。しかし、E男はまだ完全に回せません。E男は友達と一緒に遊びたいと思っています。こま回し競走のメンバーも仲間はずれにしているのでなく、一緒にしてもいつも負けてしまうE男への気遣いから、ついついE男のいない場所に行ってこま回しをしていました。これは、E男が完全にこま回しを習得しなければいけません。友達からも励まされ、休みの日は家でもこま回しを続けた成果があり、100％回せるようになりました。

友達に「Eちゃん、こま回し競走しよう」と誘われ「いいよ」とうれしそうなE男でした。「Eちゃん、回せるようになってよかったなあ」「みんな、Eちゃんが回せるようになるのを待っていたよ。よかったなあ」とみんなで取り組む姿が見られました。担任も保護者も一安心です。担任は、周りの子どもの気遣いをうれしく思い、なんとしても卒園までに友達と一緒にこま回し競走を楽しんでほしいと願いました。

③　事例6　リレー負けた。だれのせい（5歳児10月）（写真3-3）

運動会のリレーは子どもにとっても保護者にとっても期待が大きい楽しみの競技です。担任も子どもとともに力いっぱい取り組みます。

運動会当日、2チーム接戦のよい試合でした。ところがバトンタッチがうまくいかず、また走り終わったG男にぶつかったF男が転んでしまい、それまでリードしていたF男のチームが負けてしまい、F男は悔しくて涙を流していました。アンカーのH男も悔しくてしかたがなくて、「Fちゃんのせいで負けた」とゴールのあと叫びました。負けたチームの他の子どもたちは何も言いませんが、みんなガッカリとした表情です。担任たちも走り終わった子どもをトラッ

ク内に誘導しておけば転ぶことはなかったと心を痛めました。転んだ子ども，負けたチームの子どもが納得しにくい勝負になりました。運動会が終わり片づけ終了後，ぶつかったG男が母と一緒に「自分がぶつかったからFちゃんが転んで負けてしまった」と泣いて報告に来ました。自分のせいだとそこまで深く考えていることに驚きと子どもの責任感，感受性，道徳心，優しさなど素晴らしい心情を感じました。

　「リレーでは，ぶつかって転んでしまうこともあるし，試合だから勝ったり負けたりするよ。Gちゃんは，お友達のことを考える優しい心をもっているね。心配しなくていいよ。またリレーしようね」と話をすると，G男と母は笑顔で帰っていきました。

　代休明け，リレーの出来事をクラスで話し合ったあと，もう一度リレーを楽しみました。両チーム共，存分に力を出し切り，今度は運動会で負けたチームが勝ちました。ぶつかったG男も転んだF男も「Fちゃんのせいで……」と言っていたH男も，どちらのチームの子どもたちも達成感を感じるリレーになりました。リレーは勝ち負けだけでなく，速く走れる体力作りだけでもなく，子どもたちにいろいろな心の育ちを与えてくれます。子どもの心の内面にまで，目を向けて見つめる保育者の愛情に満ちた温かなまなざしで子どもの心が育てられます。

☐ 尊敬すべき，素晴らしい子どもたちとともに，保育者も育つ

　保育者と子どもとの関係の中で保育は展開され，お互いがお互いを思う心情的結びつきに支えられて，毎日の積み重ねが保育の積み重ねとなっていきます。新任1年目は子どもや保護者に助けられ，育ててもらったと思うことが多くあることでしょう。子どもや保護者が愛情のまなざしで見てくれているのかもしれません。しかし，子どもと保育者，保護者と保育者がうまくいくときばかりではありません。その時は，何が要因なのか考え，子どもの姿をよく見て，保護者の思いを知り，また先輩の意見や指導を聞きましょう。きっと解決策が見えてきます。その時たくさん学んだことが将来の保育力につながっていきます。尊敬に値する子どもの育つ力を大切に育み，愛情をもって子どもと接することで自分がめざす，理想の保育者の姿が見えてくることでしょう。

　「残花明日開く」（まだ咲いていない花も明日には咲くでしょう。できなかったことも明日はできるようになるでしょう）の思いで幼児教育の道を進んできました。できないこと，失敗したことがあっても「残花明日開く」のまなざしで子どもを見つめてください。そして，保育者になった後も同じ思いで自分の理想の保育をめざしていってください。

第 3 章　わたしがめざす保育者に求められる 6 つの指標

キーワード

① 保育者としての使命感や責任感をもっていますか

② 子どもたちへの愛情をもち，子どもを信じて成長を願う，子どもから学ぼうとする謙虚な姿勢をもっていますか

③ 子どもを育て，それによって自分も育てられる関係にとって大切なのは，お互いの信頼関係であることを理解していますか

④ 子どもとの関係がうまくいかないときは，子どもの姿をよく見たり，保護者の思いを知ったり，先輩の意見やアドバイスに耳を傾けたりすることも必要であることを理解していますか

② 多様性によりそう専門性

◻ 「多様性」「違い」をどうとらえるか

> 問題が起こるのは，相違点それ自体があることではなく，相違点にみんながどのように反応しているかによって起こるのです。(1)

　みなさんがこれまでに関わった保育現場の「クラス」を思い出してみてください。子どもたちは一人一人異なる特性をもっています。子どもたちの発達の状況や活動の姿は多様です。障害の有無，子どもたちの家庭の経済的状況や家族構成も多様です。民族的ルーツ，言語，肌の色が多様なクラスと出会った人もいるでしょう。クラスは多様性をもった子どもたちの集合体なのです。この節では，子どもたちの多様性に保育者はいかによりそうのかを考えていきましょう。

　はじめに，人々がもつ違いについて考えてみましょう。人間は一人一人違いをもった，個性的な存在ですが，社会には違いを根拠に生きづらさを抱えている人がいます。このことをマイノリティ，マジョリティをキーワードに考えてみましょう。

　ある社会において，その人がもつ属性が多数派に属する人は「マジョリティ」，少数派に属する人は「マイノリティ」とされますが，これは単なる人数の問題ではなく，社会的に力をもっている層（マジョリティ）と力を奪われている層（マイノリティ）という関係の問題です。現在の日本社会では，外国にルーツのある人・障害のある人・性的少数者などはマイノリティ，日本人・障害のない人・性別違和感をもたない異性愛者などはマジョリティだといえます。マジョリティは，自分たちがもっている価値観や文化を普通の，当たり前の，ものと考えているため，マイノリティを存在しないもの，普通でないもの，として考えがちです。マジョリティ側の価値観や文化を当然とする社会の中では，マイノリティは肩身が狭くなり，自由と自信と居場所を喪失し，さまざまな生きづらさを抱えることになります。違いによりそうためには，こうしたマイノリティがもつ生きづらさに向き合うことを原点に置く必要があります。

◻ マイノリティがもつ生きづらさ

　マイノリティがもつ生きづらさはどうすれば解消されるのでしょうか。性的少数者の生きづらさを例に考えてみましょう。

　近年，報道等でＬＧＢＴという言葉を聞くことが増加し，セクシュアリティ

の多様性についての理解がようやく広がりつつありますが，まだまだ誤解や偏見が多いことも事実です。

　セクシュアリティは，身体的性別（身体の性），性自認（自分自身の性別をどうとらえているか），性的指向（好きになる性）など多様な側面の組み合わせから成り立っており，この3側面の組み合わせから考えても，最低でも27種類の性があります。セクシュアリティは本人が自分の好みで選べるもの，自由に変えられるものではありませんし，多様であって当たり前のものなのです。日本国内では性的少数者は7.6％の割合で存在しており（電通ダイバーシティ・ラボの2015年の調査より），そのうち身体的性別と性自認が一致しない人は数百人に1人くらいの割合で存在するといわれます。また，性別への違和感や同性を好きになることは幼児期から見られることも，保育に関わる者は理解しておく必要があります。

　しかし，クラスに1人か2人はいて当たり前の存在であるにもかかわらず，性的少数者に出会ったことがないという人は多く存在します。それはなぜなのでしょうか。これは社会全体の意識の中で，身体的性別と性自認が一致している，異性愛者のみを普通とする傾向があることに原因があります。学校や幼稚園・保育所という場でも身体的特徴だけで男女を二分する考え方，異性愛が当然とする考え方がまかり通っています。このように性的少数者に対する誤解や偏見が根強く残っている中で自分自身のセクシュアリティを表明することはいじめの対象になる可能性，自分の存在を否定される可能性があるので隠さないといけないと考えて，本当の自分を出すことができないがゆえに，性的少数者は見えない存在になっているのです。

☐ 問題の原因や責任はマジョリティ側にある

　しかしながら，そうした生き方は，本来の自分の人生を生きることができないことを意味します。その結果，同性を好きになる人や身体的性別と性自認が一致しない人（性別違和）などの性的少数者は，メンタルヘルスの問題を抱えやすく，社会にある性別二分法の考え方を内面化してしまい，自分を異常だととらえ，自尊感情が低くなりやすいなどの課題を抱えることになります。性別違和感の場合，自身の体への違和感・嫌悪感に社会的な誤解や偏見が加わり，より問題が深刻になる場合もあります。また，性的少数者の場合，家族の中に同じマイノリティ性を生きている存在がいないことが大半であるため，問題を自分一人で抱えてしまいやすいという課題もあります。性的少数者の自殺未遂率の高さはこうした背景によるものです。

　こうした問題の原因や責任は，性的少数者自身にはありません。セクシュアリティの多様性を理解していないマジョリティ側の問題です。セクシュアリティの多様性を当たり前のこととととらえる社会に変革すること，そのためにマジ

ョリティ側の意識が変わることが，性的少数者の生きづらさが軽減するために必要なことなのです。

　性的少数者の生きづらさを例に考えてきましたが，マジョリティ側の変革は，セクシュアリティ・民族の違い・宗教の違い・障害の有無などのすべての多様性をめぐる問題を解決するための基本です。冒頭に挙げた言葉は，アメリカの人権保育カリキュラム「アンチ・バイアス・カリキュラム」の提唱者であるL.ダーマン・スパークスの言葉です。違いがあることが問題だと考えて，その違いを見えなくすることではなく，違いがあることを当たり前と考え，違いを理解し尊重し合うことが重要なのです。

◻ 「多様性によりそう保育」の目標と実践

> 「日常的に韓国語を挨拶に入れたり，韓国語の歌を入れる中で，自分は韓国人でいいんだ，自分は朝鮮人でいいんだ，ということを在日の人たちにはわかってほしい。日本の子どもたちは，今は，日本なんか韓国なんかわかってないところもある。でも，そのうち大きくなったときにね，ふと，日本人やという自覚をする時期が来ると思う。そのとき，チョゴリを切るとか，石投げるとか，そこには，朝鮮・韓国を侮辱する意識，韓国・朝鮮は劣っているという意識があるし，そういう意識を教育の中でずっと植えつけられてきた日本人があるんだけれど，そういうことにこの子どもたちはなっていかないだろう，『いや，仲間だったよ』と認識してくれるんじゃないかなって。一緒に歌を歌うとか，言葉を共有するということが，将来，力になるんじゃないかなということを願って保育しています。」
>
> （在日韓国朝鮮人の集住地域において民族保育実践に取り組む保育園長の語りから）

　多様性によりそうことは，保育者の意識の問題にとどまるものではありません。子どもたちに多様性に寄り添う力を育てることが，すべての人が安心して自分らしく生きることができる社会の実現につながります。

　多様性によりそう保育で重要なのは，すべての子どもが安心して自分を生き，人生を切り拓くための土台を形成することと，違いを尊重する心を育み，さまざまな人がともに生きる社会を実現する力を育むことです。この目標を実現するためには，マイノリティ／マジョリティ双方へのアプローチが重要になります。上記の，朝鮮半島の民族文化が大切にされている保育環境の中で「自分は韓国人でいいんだ，自分は朝鮮人でいいんだ，ということを在日の人たちにはわかってほしい」という語りのように，マイノリティが自己の属性に対して肯定的な見方ができるような力づけを行うこと，多様な文化を経験することですべての子どもたちが互いがもつ違いを理解し，尊重する価値観を共有することが重要です。こうした価値観が共有された集団作りによって，すべての子どもたちが安心して生きることができる居場所が生み出されます。そして，さまざまな違いをもつ仲間とともに生きた経験が，多様性を認め合う社会を作り出す

第3章　わたしがめざす保育者に求められる6つの指標

力へと発展していきます。

　このとき現在と将来の2つの時間軸を意識することが必要です。語りに見られるように，現在は民族の違いがわからなくても，幼児期に民族文化に触れている経験が，将来さまざまな民族の人とともに生きる力につながっていきます。幼児期に多様性が当たり前である保育環境の中で育つことで，子どもたちは多様性を理解し，ともに生きる方法を模索できるようになるのです。

　これは，民族，障害の有無，セクシュアリティ，家庭の状況といった属性に関してだけではなく，一人一人の子どもの個性や発達に関しても同様です。たとえば，クラスでフルーツバスケットをしているとき，同じ年齢であっても，椅子に座ることを楽しんでいる子もいれば，鬼になってフルーツの名前を言うことを楽しんでいる（そのため，わざと椅子に座らない）子もいます。器楽合奏をしているときも，リズムを取るのが得意な子もいれば，なかなかリズムが取れない子もいます。

　保育者がそうした姿を協調性がない，わがまま，きちんとできていない，とみなし，「ちゃんとしなさい！　みんなの迷惑でしょ！」と注意してしまったら，クラスでの活動はその子にとって苦痛なものになっていきます。結果的に，その子のクラスでの居場所の喪失や，どうせ自分なんてという否定的な自己意識につながる可能性がありますし，多様性を認めることとは正反対の価値観を子どもたちに植えつけることにもなりかねません。

　保育者は，一人一人の発達や遊びへの興味が多様であることを理解しながら，多様性を受け止める幅をもって活動を展開する必要があります。そうした保育者の姿勢が，子どもたちが，さまざまな違いのある人とどうすればみんながいきいきと楽しく活動できるかを考えるきっかけを作りますし，幼児期に違いを尊重しながら一緒に暮らした経験が，将来，子どもたちが多様性を認め合う社会の担い手になることにつながるのです。

□ 多様性によりそう専門性を高める

　では，多様性によりそう専門性を高めるためにはどうすればよいのでしょうか。

　保育者自身が，本を読む，当事者と出会って話を聞くなどの方法（インターネットでの情報収集は，マイノリティに対する差別的見方を意図的に発信している場合もあり，注意が必要）で，「違い」に対して正しい認識をもつこと，その中で，自分自身がもっている普通，当たり前に揺さぶりをかけ，自分のものの見方や価値観，行動を見直すことが，多様性によりそうための第一歩です。そうすることで，目の前にいる子どもや保護者が抱えている生きづらさや行動の背景が見えてきます。その人たちが抱えている生きづらさや歯ぎしりを共感的に理解し，他人事ではなく自分事としてとらえることが，多様性によりそう保育実践の原

113

動力になるのです。その上で,「では,どうすれば違いを大切にしながら,一緒に生きていくことができるのか」の方法を具体的に考えていきましょう。

🔑キーワード

① 多様性を巡るさまざまな問題に関心を持っていますか
② 「違い」について正確に知るためには,本を読むことや,当事者に直接話を聞くことが大切だと理解していますか
③ 自分自身のものの見方・価値観・行動を見直す機会を大切にしていますか
④ マイノリティの生きづらさを知り,「自分事」としてとらえることを大切にしていますか
⑤ どうすれば違いを大切にしながら一緒に生きていくことができるのかを考えようとする意欲を持っていますか

〔コラム5〕

小学校：保幼小の連携

　私は数十年間，公私立の幼稚園で担任・副園長・園長として勤務したのち，小学校で担任教諭としての仕事に携わりました。小学校に対してそれまで知識としてもっていたものと実体験で得たことの違いに多くのとまどいや驚きがありました。ここでは入学当初の子どもや小学校の様子を私の体験から伝えますが，学校によっては指導内容や方法が違うということもあるかと思います。どうかその点は理解してください。

■ 入学時よりすべて

「自分のことは自分でします」

　入学当初は教科学習よりも学校生活に慣れることに指導の重点が置かれ，登下校の仕方や学校でのさまざまな仕組みやきまりごと等について学びます。先生から指示されたことを自分で判断して即行動に移す場面が多々あり，慣れるまでは緊張する毎日です。また，毎日登校時や下校時には持ち物の整理整頓をし，机の中，ロッカーの中，カバンの中，靴箱などは自分の管理場所です。それらが乱れていると忘れ物をしたり，注意を受けたりして，だんだんと学校生活に意欲をなくしていきます。就学前教育では自主自律の精神を育み，基本的な生活習慣を身につけておくことが大切だと思います。

■ 「人の話を聞くこと」「自分の思いや考えを話すこと」が基本

　常に人の話を聞いて行動することが要求されます。ぼんやりしていたら大切なことを聞き逃し，自分が困るだけでなく他人にも迷惑をかけることになります。教師から次々に指示が出ます。また，時には複数の指示が一度に出ることもあるので，しっかり話を聞き分ける力が必要です。

　また，わからないことはたずねる，思ったことははきはき話すことで積極的に学校生活が過ごせます。また，小学校でも生活面は大切にされていますが，学習面での活動の割合が大きいので，幼稚園や保育所，子ども園の時ほど一つのことにゆったりとした時間はほとんど取れません。授業やグループ活動において「〜についてどう思いますか」「自分の考えや気持ちを話してください」など自分の思いや考えを言葉にして表現する機会が多いので，幼児期からさまざまな場で自分の意見を言ったり，人の話に耳を傾けたりするような環境を整えてあげましょう。

■ 「細かい記録」が大いに役立つ

　子どもの入学に際し，小学校では幼稚園や保育所から送られてくる資料（指導要録の写しなど）をもとに，クラス分けをしたり今後の指導の参考にしたりしています。子どもを理解する上での貴重な資料となる

ので，通り一遍の記述ではなく伝えたいことや記録に残しておくべきことを具体的に明確に記述しておきましょう。主観的にならないようにさまざまな角度から検証して客観的に書くことが大切です。

■ 幼児教育から学校教育へ

保育者は，幼児期に培われるべきものをしっかり把握して日々の保育をする必要があると思います。なぜならその時間は帰ってこないからです。幼児期に心と身体を使った体験教育を充分に取り入れておくことで，学校教育ではそれが底力となって花開くように思いました。幼稚園教育要領や保育所保育指針にあるように適切な就学前教育がなされていると学校教育への移行はスムーズです。子どもたちの健やかな成長を願って今一度，保・幼・小の役割と密な連携を認識しておく必要性を感じています。

（田宝敏美）

❗この本をすいせんします❗

無藤隆・安見克夫他（2009）今すぐできる幼・保・小連携 ハンドブック. 日本標準.
── この本には「なぜ幼・保・小連携が必要なのか」といったことがわかりやすく書かれています。特に「すぐに始められる幼・保・小連携」の章では，実践例や連携のためのQ&Aがたくさん紹介されており，保育計画や日々の指導に大いに役立つことと思います。

第3章 わたしがめざす保育者に求められる6つの指標

 保護者と子育てを共有する関係性

◻ 現代社会における保護者の子育て環境

　近年，社会状況の変化に伴い，子どもと保護者を取り巻く環境が大きく変化しています。少子化（図3-1），核家族化（図3-2），地域（図3-3）との関係性の希薄化についてのグラフをもとに，現代社会における保護者の子育て環境の問題点を確認しておきましょう。

　図3-1〜3からも読み取れるように，年々，世帯当たりの子どもの数は減少し，昔のような祖父母・父母・子どもが同居する三世代世帯は珍しくなり，また，生活面で協力し合うような親密な近所付き合いをもっている割合も少なくなりました。三世代が同居している時代は，祖父母も育児に参加し，若い母親・父親の子育ての身近な手本にもなってくれ，世代間で子育てを共有することも可能でした。しかし今，近所付き合いも挨拶や立ち話をする程度にとどまり，お互いの家庭や子育てにあまり干渉しない，立ち入らないことが社会的な流れになってからは，子育ての孤立化傾向により拍車がかかりました。

◻ 幼稚園・保育所，幼保連携型認定こども園の子育て支援機能としての役割

　このような時代背景もあり，次第に子育ての悩みを自分だけで抱え込む保護者が多くなっています。それにともない，地域の身近な子育て支援機能の中枢である幼稚園や保育所，幼保連携型認定こども園における子育て支援（保護者支援）のニーズが高まりました。幼稚園教育要領（第3章第2の2），保育所保育指針（第6章），幼保連携型認定こども園教育・保育要領（第1章第3の6）にも子育て支援について明示されていますので，確認しておきましょう。注1

◻ 保護者とのコミュニケーションの重要性

　保育者として新人でも，保護者にとってみれば「先生」です。新人だから子育て支援はできません，は通用しません。これから保育の現場に出ていくみなさんは，子育て支援に関して，どのようなことを心がけていけばよいのか，どのような役割を期待されているのか，をもう一度振り返っておく必要があるでしょう。

　① 傾聴することの重要性

　何をするにしても初めてには不安がつきものです。みなさんも初めて保育の現場に立つ日のことを想像してみてください。さまざまな思いを巡らせて，いいようのない気持ちになると思います。その不安な気持ちを少しでも解消する

図3－1　世帯当たりの児童の有無の年次推移

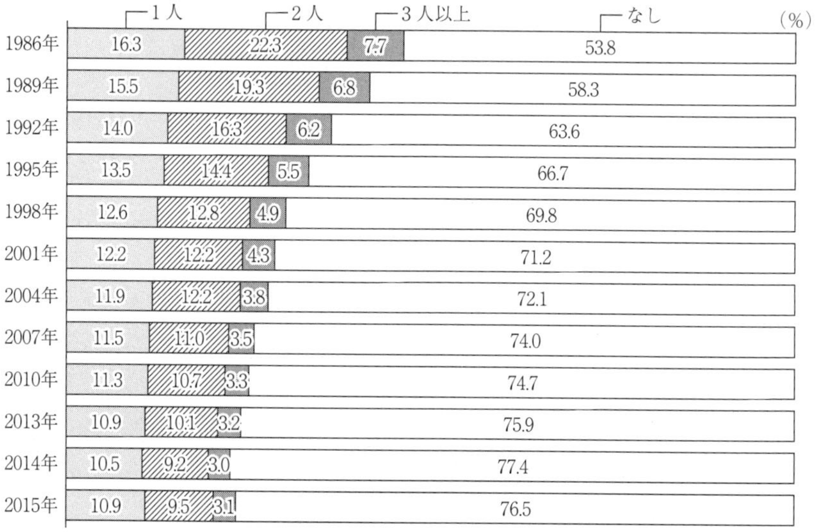

1人
2人
3人以上
なし
(%)
1986年 16.3 22.3 7.7 53.8
1989年 15.5 19.3 6.8 58.3
1992年 14.0 16.3 6.2 63.6
1995年 13.5 14.4 5.5 66.7
1998年 12.6 12.8 4.9 69.8
2001年 12.2 12.2 4.3 71.2
2004年 11.9 12.2 3.8 72.1
2007年 11.5 11.0 3.5 74.0
2010年 11.3 10.7 3.3 74.7
2013年 10.9 10.1 3.2 75.9
2014年 10.5 9.2 3.0 77.4
2015年 10.9 9.5 3.1 76.5

出所：厚生労働省（2015）平成27年度国民生活基礎調査の概況。

図3－2　世帯構造別世帯数の年次推移

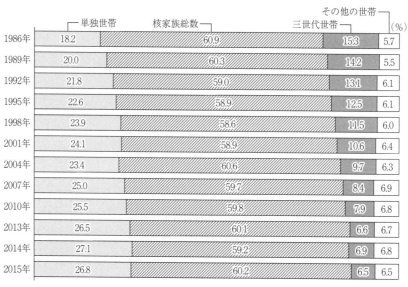

その他の世帯
単独世帯
核家族総数
三世代世帯
(%)
1986年 18.2 60.9 15.3 5.7
1989年 20.0 60.3 14.2 5.5
1992年 21.8 59.0 13.1 6.1
1995年 22.6 58.9 12.5 6.1
1998年 23.9 58.6 11.5 6.0
2001年 24.1 58.9 10.6 6.4
2004年 23.4 60.6 9.7 6.3
2007年 25.0 59.7 8.4 6.9
2010年 25.5 59.8 7.9 6.8
2013年 26.5 60.1 6.6 6.7
2014年 27.1 59.2 6.9 6.8
2015年 26.8 60.2 6.5 6.5

出所：厚生労働省（2015）平成27年度国民生活基礎調査の概況をもとに筆者作成。

図3－3　近所付き合いの人数

0
20
40
60
80
100(%)
生活面で協力し合う人
日常的に立ち話する人
挨拶程度の人
0人
1～4人
5～9人
10～14人
15～24人
25人以上

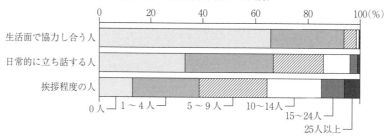

出所：内閣府（2007）平成19年度版国民生活白書．64頁。

第3章 わたしがめざす保育者に求められる6つの指標

ために，まずは保護者が何に対して不安や悩みを感じているのか，ていねいに耳を傾けることが大切です。これは，コミュニケーションスキルのひとつで「傾聴」といいます。人の話をただ聞くのではなく，注意を払って，より深く，ていねいに耳を傾け，保育者の聞きたいことを聞くのではなく，保護者が話したいことや伝えたいことを受容的・共感的な態度で真摯に聴く行為や技法を指します。それによって保育者は保護者への理解を深めると同時に，保護者が自分自身に対する理解を深め，納得のいく判断や結論に到達できるようサポートします。それが，傾聴のねらいです。自分の気持ちを吐き出し，受けとめられることによって，人は自分の心を整理し，不安の多くが解消するともいわれています。

② 保護者の保育観，価値観の尊重

人はそれぞれ，さまざまな価値観をもって生きています。保護者の子育てに対する考え方も同様で，10人いれば10通りの考え方があります。それぞれの価値観・子育て観を尊重しながら，まずは保護者の思いを否定せずに受容し，保護者の気持ちが整理されていくように支援します。その上で，保護者が抱えている子育ての課題に対して選択肢をいくつか提示します。保育者から「○○してください」と考え方ややり方を指示するのではなく，「こんな方法やあんな方法もありますが，お母さん，お父さんの考えに沿う方法はどれですか？」などと問いかけ，保護者自らが考え，判断できる状況を作ることが大切です。子育て支援とは，保育者が保護者の課題解決のすべてを肩代わりするものではなく，保護者が子育ての課題に向き合えるように寄り添うことであることを確認しておきましょう。

❏ 保育の場における支援内容

では，保育の場でどのような支援が行われているのか，主要な点をあげてみます。

① 保護者との情報共有

保護者との情報共有は，子育て支援を行っていくうえで非常に重要です。子どもには，園生活の中で家庭では見せない一面を見せたり，逆に，園生活では見せない家庭だけでの姿があったりするなど，保護者と保育者が相互に伝え合わなければ気づかない姿がたくさんあります。また，保護者と保育者が子どもの様子に見られる些細な変化について情報を共有し合うことは，課題の早期発見・早期対応につながります。

② 子育てに関する相談とアドバイス

子どものオムツがなかなか取れない，子どもとどのようにかかわっていいのかわからない，仕事と育児の両立に悩んでいるなど，子育てに関する悩みは人それぞれ異なります。今，みなさんの目の前にいる保護者がどのようなことに

悩んでいるのかを理解しようと努め，課題に対してどのように考えたり，取り組んだりしていけばよいのかを一緒に考えることが大切です。保育者から答えを提示するのではなく，「園（施設）でも○○してみますから，お家でもできる範囲から一緒に取り組んでみませんか」など，一緒に子育てしていきましょうという思いを伝えることが重要です。

③　子育てに関する情報発信と社会資源の利用促進

保護者からの相談内容によっては，園（施設）では解決できないことがあります。そのようなときは関係機関との連携を図ることが重要です。地域にはさまざまな社会資源があります。子育ての悩みに応じて，「こんな場所があるから行ってみてはどうですか」などと提案することも大切です。保護者は，地域にある社会資源の存在について知らないことが多いので，どのようなサービスがあるのか，情報提供したり，紹介したりすることも保育者の大切な役割のひとつです。

❑ 保育の場における支援方法

前項で述べた支援について，具体的にどのような支援方法が現場で用いられているのか，いくつかの方法をあげてみましょう。

①　登降園時の挨拶，声かけ

保護者との信頼関係を築くために必要なことは日頃のコミュニケーションです。毎日の登降園時のあわただしい時間でも，「○○くん，今日は苦手なピーマン食べていましたよ」など日々の保育の様子を一言伝えることは非常に大切です。小さな積み重ねかもしれませんが，保護者にとって見えづらい子どもたちの園生活の様子を伝えられるいい機会です。

②　連絡帳や園だより，クラスだより，懇談会，ホームページの活用

すべての保護者の顔を見て話をすることが一番ですが，時間にも限りがあります。そのような場合は連絡帳を活用して，保護者と情報共有することは非常に有効です。また，定期的に発行する園だよりやクラスだより（写真3-4），また随時開催する懇談会などで情報発信することも可能です。今では各園，各施設ともホームページが充実しています。その日にあった出来事を写真とともに掲載することで，保育の様子をより具体的に伝えることができます。

③　保育参加，行事への参加，保護者同士の交流の場の設定

就労時間との兼ね合いで難しい面もありますが，「百聞は一見にしかず」で，実際に保育に参加し，子どもの様子を見てもらうことは，園での様子を知ってもらう絶好の機会です。それは保育参加だけに限らず，行事へ参加してもらうことにも同様のねらいがあります。また，保護者同士の交流の場を設けることで，他の同年代の子どもたちの様子を見ることができ，また，同じ世代の子どもをもつ親同士で子育てについて悩みを共有できる機会を作ることも，保育者

第3章　わたしがめざす保育者に求められる6つの指標

写真3-4　クラスだより

出所：社会福祉法人都島友の会都島桜宮保育園。

の大切な役割のひとつです。

注1　平成30年度施行の幼稚園教育要領，保育所保育指針，幼保連携型認定こども園教育・保育要領では，子育て支援について記載されている章は，それぞれ，第3章第2（幼稚園教育要領），第4章（保育所保育指針），第4章（幼保連携型認定こども園教育・保育要領）に変更されています。

🔑キーワード
① 現代社会における保護者の子育て環境を理解していますか
② 保護者とのコミュニケーションの重要性を理解していますか
③ 保護者とのコミュニケーションの実践力が身についていますか（傾聴，機会をとらえた情報発信や保護者との情報共有など）
④ 他の専門機関に関する知識を理解していますか
⑤ 他の専門機関との連携の重要性を理解していますか

子どもの権利と福祉を護る社会的意識

□ 子どもの権利に対する理解
① 子どもの権利をめぐる現代社会での問題

子どもの権利とはいったいどのようなものでしょうか。子どもは家庭の中で保護者によって育てられ成長していきます。子どもにとって一番安全で安心できる場所は，家庭であるということができます。しかし，すべての子どもが本当に安心・安全に生活できる状況におかれているでしょうか。

わが国では児童虐待が年々増加の傾向にあります。児童相談所が取り扱った相談件数は，2014（平成26）年度に10万件を超える状況になっています。また，子どもの貧困という問題もあります。これらは生まれ育った家庭の事情等によって，子どもたちの将来が左右されてしまうという現状を表しています。

一方，世界に目を向けると，武力紛争で犠牲者となる数多くの子どもや，幼い子どもが少年兵となって戦争に参加させられているという事実もあります。また人種や皮膚の色，性，宗教上の問題などで差別されている子どもや，飢餓で苦しんでいる子どもたちがいます。子どもの人格が認められず，自分の意見さえ言うことができず，大人の意見に従わざるを得ない子どもたち，つまり権利を護られていない子どもたちが多数存在しているのです。

② 子どもの権利を護るために――子どもの権利条約

これらの状況を踏まえて，「児童の権利に関する条約」（通称「子どもの権利条約」）が，1989年11月に国連で採択され，わが国でも1994年5月に批准しました。この条約では，「18歳未満のすべての者」を児童として位置づけています（第1条）。また，「児童の最善の利益」の尊重（第3条）を基本理念としています。生命への権利（第6条），意見表明権（第12条），思想・良心・宗教の自由（第14条），結社・集会の自由（第15条），プライバシー・名誉の保護（第16条）など，子どもが保護され，育成される権利だけではなく，子ども自身が自分で考え行動できるように幅広い権利を子どもたちに保障しています。

つまり，①生きる権利，②護られる権利，③育つ権利，④参加する権利の4つの柱を中心において，子どもを一人の人格として認め，子どもへのかかわりにおいては常に最善の利益が考慮されなければならないこと。さらに子どもにも大人と同様の権利があることを明確にしたのです。

第3章　わたしがめざす保育者に求められる6つの指標

❑　子どもにかかわる法律・法令に対する理解

　保育者の役割として，子どもを健全に育成するとともに，保護者の子育て支援を行うことが求められています。この役割を果たすためには，保護者に対する相談援助を積極的に行うとともに社会資源の積極的な活用を促すことが必要になります。社会資源のひとつとして各種の児童福祉施設や福祉サービス制度，法律などがあります。施設や制度も各種の法律等に基づき提供されています。子どもにかかわる法律・法令にはどのようなものがあるのか思い出してみましょう。

　①　児童福祉法

　児童家庭福祉の授業では，主に児童福祉法を中心に関連する法律について学びました。児童福祉法が成立した背景には，終戦直後，戦災孤児や引き揚げ孤児など身寄りのない子どもたちが，また貧困のため親が育てることのできない子どもたちもたくさんいました。これらの子どもたちは，生きていくための糧を得るために，大人の使い走りをしたり，靴磨きをして稼いだり，物乞いや窃盗を繰り返すなどをして生活していたのです。

　このような状況の中で，すべての子どもたちの生活の保障と健全育成をめざした法律として，また，保護者とともに子どもを心身ともに健やかに育成する責任を国及び地方公共団体が負うことを明確にした子どもに関わる基本的な法律として成立したのが児童福祉法です。

　児童福祉法には，保育士の定義や保育士資格，福祉の保障として障害児に対する療育の指導や居宅生活の支援等について，放課後児童健全育成事業や乳児家庭全戸訪問事業などの子育て支援事業について，保育を必要とする子どもたちに対する保育の実施，助産の実施や母子保護の実施，保育所をはじめとする児童福祉施設の定義や入所要件，要保護児童の保護措置等について記載されています。さらに児童福祉施設で生活している子どもたちの生活を保障するために，施設設備，職員等の配置基準などを定めた「児童福祉施設の設備及び運営に関する基準」が厚生労働省令として出されています。

　②　子どもにかかわる他の法律等

　子どもの生活を保障するための法律等としては，「生活保護法」や「児童扶養手当法」「児童手当法」「母子及び父子並びに寡婦福祉法」などが，障害児に対する法律としては，「障害者基本法」「身体障害者福祉法」「知的障害者福祉法」「特別児童扶養手当等の支給に関する法律」「障害者の日常生活及び社会生活を総合的に支援するための法律」「発達障害者支援法」などが，子どもの育ちを支援するための法律としては「母子保健法」などが，子どもを権利侵害から護るための法律としては，「児童虐待の防止等に関する法律」「配偶者からの暴力の防止及び被害者の保護等に関する法律」「児童買春，児童ポルノに係る行為等の規制及び処罰並びに児童の保護等に関する法律」などが，子どもの養

123

育環境を整備するための法律としては，「少子化社会対策基本法」「次世代育成支援対策推進」「育児休業，介護休業等育児又は家族介護を行う労働者の福祉に関する法律」などが，非行のある少年や少年の刑事事件について特別の措置を講じるための「少年法」，子育てを支援するための「子ども・子育て支援法」「就学前の子どもに関する教育，保育等の総合的な提供の推進に関する法律」などがあります。

③　子どもにかかわる法律・法令の果たす役割

　前述のとおり子どもにかかわる法律・法令は数多くあります。子どもたち一人一人の生活を保障するとともに子どもの育ちを国民全体で支えていくために，これらの法律や法令が時代の変化に合わせて作られ，改正されています。子どもの健全育成を推進していくとともに子育て中の保護者を支援する立場にある保育者として，これらの法律ができた背景と目的を十分に理解するとともに，子どもの立場に立ってこれらの法律を積極的に活用していくことが求められています。

◻ 保護者に対する支援の重要性

　子どもの最善の利益を優先するためには，子どもを育てている保護者への支援が必要になります。この役割を果たすため，児童福祉法で保育士は，「専門的知識及び技術をもって，児童の保育及び児童の保護者に対する保育に関する指導を行うことを業とする者」（第18条の4）と位置づけられています。また同様に保育所は，地域の住民に対して「乳児，幼児等の保育に関する相談に応じ，及び助言を行うよう努めなければならない」（第48条の4）と規定されています。

　就学前の子どもに関する教育・保育等の総合的な提供の推進に関する法律（通称：認定こども園法）でも，認定こども園は，子育て支援の総合的な提供を推進するために保護者からの相談に応じ必要な情報の提供及び助言を行う事業を実施しなければならない（第1条・第2条第12項）と規定されています。

　保育所や認定こども園，保育士，保育教諭に保護者を支援することが求められているのです。保護者の困り感や不安感に早く気づくためには，登園，降園の際の保護者と子どもの様子や，保護者の表情や態度，言葉のやり取りなど，常日頃からきめ細かく観察しておくことが大切です。そして子どもの権利を護るためには，保護者が安全・安心して日常生活が送れるようにしなければ，子どもも安全で安心できる生活をすることができません。

　このため保護者の生活上の困難や課題が解決，縮小できるように相談にのるとともに，受容，傾聴，共感などのソーシャルワークの手法を用いて，保護者を尊重し，ありのままの姿を受け止め，話している内容に耳を傾けてしっかりと聴き，保護者の考えや感情を保護者と同じように感じ取り理解することで，信頼関係を築くことができ，保護者と協働して子育てを行うことができるよう

になるのです。

　また，子どもの最善の利益を考えた場合，子どもの思いと保護者の思いが食い違い，どちらを優先させたらよいのか迷うことがあります。子どもは弱い立場にあるので，保育者は子どもの思いをしっかりと受け止め，保護者に子どもの思いを代弁するなど，保護者の意向や状況に配慮しつつ，子どもの思いを伝えていくことも大切な役割となります。

☐ 現代日本で保育者に求められている役割

　保育者は，児童虐待を発見しやすい立場にあります。児童虐待は特別な家庭で生じるのではなく，ごく身近なところで生じています。児童虐待は子どもに対する重大な権利侵害であり，子どもの心身を深く傷つけてしまいます。発育不良や知的発達の遅れのほか，心の領域にも深刻な影響がおよび，行動面にもさまざまな問題が生じます。保育者は早期発見に努めるとともに，子育てに悩む保護者を救うためにも，児童虐待を未然に防止するための積極的な働きかけをすることが求められています。

　また，子どもの貧困は，子どもの生きる権利や育つ権利を奪うひとつの要因となります。貧困のため衣食住が充足できないだけでなく，必要な医療を受けることができなかったり，学ぶ機会が与えられなかったりするため，心身ともに健やかに育つ権利がはく奪されてしまい，貧困の再生産に陥ってしまうことにつながります。保育者には子どもたちの家庭が，どのような困難や課題をかかえながら生活しているのかをしっかり把握し，適切な社会資源が利用できるように支援していくことが求められています。

　さらに子どもの権利と福祉を護るためには，社会全体で子育てを支援するという意識改革が必要となります。子育てをしている家庭は地域社会のなかで生活をしています。子どもたちも地域社会の一員です。子育て家庭を孤立させないようにするためにも，誰もが安全・安心に生活することができるようにするためにも，地域社会に向けて積極的に働きかけを行う役割を果たすことが保育者に期待されています。

🔑 キーワード

① 子どもの権利について理解していますか
② 子どもの権利を護る法律や法令を理解していますか
③ 子どもの権利を護るためには保護者支援が重要であることを理解していますか
④ 児童虐待や貧困など，子どもの権利が侵害される深刻な諸問題にもかかわる保育者の役割を理解していますか

5 子どもの力を伸ばす専門性と指導力

❏ 一番大切にしたい音楽

そもそも音楽とは何でしょう。音楽の3要素である「リズム」「メロディ」「ハーモニー」のことでしょうか。

いいえ，私たち保育者は子どもにかかわる音楽について考えるにあたり，本来大切に考慮すべき音楽があることを理解していなければなりません。音を楽しんでいる子どもたちをじっくり観察してみましょう。雨や風の音，鳥の鳴き声，葉っぱの擦れる音，床のきしむ音など，子どもは音の出るものすべてに興味があり，好奇心をもちながらお気に入りの音を発見して「心」で聴いている様子が窺えます。この「聴く」活動こそが，子どもにとっての音楽との出会いであることを私たちは深く認識しておかなければなりません。

それから，保護者や保育者の子どもに対する語りかけや呼びかけなどでは，自然発生的に音程やリズムをつけて歌われ，また子守歌やあやし歌，唱え歌では，子どもは安心感と信頼感を抱き，心身を委ねて落ち着くことができます。

このように，子どもは誕生してからごく自然に音楽に親しむことのできる幅広い音楽的環境により，日常的に音楽的感性を身につけながら心の内面の世界が豊かに育っていくのです。それゆえ，まず私たちは日頃から音楽的関心をもち，保育の中にいつも自然に音楽がある雰囲気や，音楽を身近に親しめる環境をつくることを心がけましょう。

❏ 幼児の音楽的活動「歌う」

音楽の原点である「歌う」ことは，もともと保護者や保育者の子どもへの呼びかけから生まれる音楽的コミュニケーションです。保護者の優しい話かけや歌いかけによって，音楽的で心地よい響きとリズムの声は，のちに子どもの表情豊かな感受性を育むことへつながっていきます。

保育の場では，保育者と子どもがそれまで培ってきたそれぞれの声をやり取りすることにより，音楽でのコミュニケーションを築くことができます（**資料3-1**）。

音を介したコミュニケーションを常日頃から行うことにより，保育者は子どもに一切の拘束をさせず教室全体の雰囲気を楽しく変化させることができるのです。絵本の読み聞かせなどを行う中で，ふさわしい場面にメロディとリズムを付けて歌うことを取り入れると，子どもは表情豊かな音楽的表現に伴い，リズムを身体で感じ心を躍らせます。

資料3-1　譜例1：音楽的コミュニケーション

出所：筆者作成。

資料3-2　譜例2：幼児の声域

出所：井口太編著（2015）新・幼児の音楽教育――幼児教育・保育士養成のための音楽的表現の指導．朝日出版社．29．

　身体の発達状況に応じながら，無理な発声をさせず，強弱や速度，拍の流れやフレーズなどの諸要素には深く入り込まないように注意しましょう。ある要素だけにこだわることなく歌詞の表す情景を子どものイメージの世界へ導きながら，のびのびと自由に表現できるように心がけることが大切です。

◯ 幼児の声域
　歌う活動については先述しましたが，特に保育者が幼児の発声から音楽的指導を考える場合には，決して高度な技術や声量を求めるのではなく，正しい姿勢と適正な呼吸法によって無理のない声質の美しさを優先させることが必要です。
　声帯の発達により，幼児には高い音域が出にくいことがわかります。幼児の声域（資料3-2）を把握した上で，選曲を行うよう心がけましょう[2]。

◯ 音楽表現における指導法の実際――ハンドサインを用いた指揮で
　「ひげじいさん」は，保育者がよく知っている手あそびです。「ド」の音から始まる「ひげじいさん」で手を顎（あご）に当て，「レ」から始まる「こぶじいさん」では頬（ほお），「ミ」は「てんぐさん」で鼻，「ファ」は「めがねさん」で目……と，音が高くなるにつれて手の動きも高く上がっていきます。まさにこの手あそびのように，音の高さと身体の動きを一致させることは，歌唱活動にとって大変有効な指導法のひとつです。
　保育者が子どもの前で歌う際，音程や音量をハンドサイン（手ぶり）で示しながら指揮をしてみましょう。子どもの表情を見ながら歌えるうえ，音程や音量による曲想のふさわしさやリズムへの理解も同時に伝えられます。また，ハ

ンドサインは視覚的にも子どもたちにはとらえやすいので，自然と自分や仲間の声を聴いて歌おうとする意識を高めることができるのです。

それから，子どもは身体を動かすのが大好きなので，保育者は子どもが楽しく歌えるように心がけ，手ぶりの上下だけでなく口や目の開閉によって音楽的表現を付けるなどのアレンジをしたり，あるいは子どもたちの間で指揮者あそびを取り入れるなども効果的です。

◻ 歌唱指導におけるやさしい伴奏法

保育者は，あらかじめ子どもにメロディを聴かせる場合や，仕上げの段階には原曲の伴奏譜で豊かな曲想をピアノで弾いて伝えたいものです。しかし，歌唱指導での子どもがメロディを体得する過程においては，メロディをわかりやすく伝えるために簡易伴奏を用いた方がよいでしょう。簡易伴奏で弾くことで，子どもの自由な想像力を引き出す機会にもなります。そこで，簡易伴奏法の中の主要三和音伴奏法について説明します。

主要三和音伴奏法とは，右手のメロディ構成音を頼りに，左手の伴奏の主要三和音（各調の I （主和音）・IV （下属和音）・V （属和音）の3種類の和音）を考えていく伴奏付けです。幼児歌曲の調性は，主としてハ長調・ト長調・ニ長調・ヘ長調があげられます。

各調の基本伴奏型は，**資料3-3**のようになります。

伴奏付けの順序としては，まず基本的に1小節1和音として考えて，I IV V の中でメロディ構成音と最も多く重なる和音を選びます。1小節1和音で付けにくい箇所は2和音にします。また，Vよりも V₇を用いることにより，響きを豊かにすることができます。

では「どんぐりころころ」（資料3-4）を例にして，具体的に伴奏付けを考えていきます。[3]

曲の調性が変化しても，I IV V の和音を弾く手の型そのものは変わらないため，各和音の手の型さえ体得することでメロディにふさわしい響きを即座に与えることができます。しかしながら，主要三和音伴奏法は最も簡潔な伴奏法であるため，限界があることも念頭に置きましょう。

◻ 音楽的なきっかけを出会いとして意味づける

子どもの音楽的表現は，歌詞による言葉の要素，リズム等による身体の要素，また表現の方法によっては造形的表現との関連性も考えられます。いわばあらゆる諸要素が密接に融合して表れるもの，これこそまさに子どもの表現です。逆の視点から述べるならば，豊かな表現による充実した音楽体験にまで至るには，子ども自らが音の美しさなどに気づき，音楽として自分たちが表そうとしているものをイメージできていることが肝心です。

第3章 わたしがめざす保育者に求められる6つの指標

資料3-3 譜例3：基本伴奏型

ハ長調の基本伴奏型（夕やけこやけ・アイアイ・おもちゃのチャチャチャなど）

ト長調の基本伴奏型（やまのおんがくか・ふしぎなポケット・ジングルベルなど）

ニ長調の基本伴奏型（しゃぼんだま・あめふりくまのこ・おつかいありさんなど）

ヘ長調の基本伴奏型（まつぼっくり・やぎさんゆうびん・いちねんせいになったらなど）

注：ⅣⅤの和音は，理論上Ⅳ$^6_4$Ⅴ$^4_3$となります。
出所：筆者作成。

資料3-4 譜例4：伴奏付け

どんぐり ころころ

青木存義 作詞
梁田 貞 作曲

注：ⅣⅤの和音は，理論上Ⅳ$^6_4$Ⅴ$^4_3$となります。
出所：小林美実編（1998）こどものうた200．チャイルド社．118．

日々の生活の中で，保育者は子どもにとっての「音楽的なきっかけ」を「音楽との出会い」として意味づけていくことが求められます。そして，感動する体験を積み重ねることを通して，子どもが音楽に触れる喜びを得られるようにすることが大切です。

> 🗝 キーワード
>
> ① 子どもの心身の発達を理解していますか
> ② 保育者自身の感性や表現力，人間性を磨く努力をしていますか
> ③ 子どもが関心をもつ教材づくり，表現力の探求，スキルの向上を心がけていますか
> ④ 教材を保育や生活，遊びの中に取り入れようとする意欲や関心をもっていますか

子どもを理解し，社会化へと導く専門性

　「乳幼児期は，子どもが生涯にわたる人間形成の基礎を培う極めて重要な時期[(4)]」（保育所保育指針解説書）であり，「幼児期の教育は，生涯にわたる人格形成の基礎を培う重要なものである」（教育基本法第11条）ことを，みなさんはこれまで，さまざまな授業を通して繰り返し学び，理解してきたことと思います。保育者は，生涯にわたる人間形成の基礎や人格形成の基礎を培う重要な時期を生きる乳幼児にかかわり，その成長発達の過程に大きな影響を与える専門職です。「わたしがめざす『保育者』として求められるもの」について改めて確認することを目的とする本章の最後として，本節では，改めて，生涯にわたる人間形成の基礎や人格形成の基礎を培うとはどのようなことなのかを考え，その過程に重要な役割を果たすことが期待される保育者の専門性として，どのようなことが求められるのかを確認したいと思います。

□ 生涯にわたる人間形成の基礎を培う
　乳幼児期が生涯にわたる人間形成の基礎や人格形成の基礎を培う重要な時期であるということについて，もしみなさんが説明を求められたとしたら，どのように答えるでしょうか。人や世界に対する基本的な信頼感を育むことの大切さを説明するでしょうか。それとも，生涯にわたる健康の基礎としての体づくりについて語るでしょうか。あるいは，柔軟な学習能力をもつ乳幼児の脳に働きかけることや感性を育むことを重視するでしょうか。乳幼児期の発達は，身体的形態や生理機能，運動面や情緒面の発達，さらには知的発達や社会性の発達などさまざまな発達の側面が相互に関連しながら総合的に進んでいくという特徴をもっていますので，みなさんが思い浮かべたことの一つひとつは，その いずれもが，確かに「人間形成の基礎[(5)]」につながっているということができるでしょう。
　では，「さまざまな発達の側面が相互に関連しながら総合的に進んでいく」，その先にある人間形成の基礎とは，どのようなことなのでしょうか。それは，「生涯にわたって主体的に生きていくために必要な力の基礎[(6)]」を養うことであり，「人間として，社会とかかわる人として生きていくための基礎[(7)]」を培うことと考えられます。
　人間とはまさに人の間と書きますが，2人以上の人がいれば，そこはもう一つの社会であるとすれば，人は本質的に，人の間を生きる社会的存在であるといえるでしょう。しかし，人間は最初から社会的存在として生まれてくるわけ

ではありません。人はみな，社会の外からやってきて，社会の一員としてその中で生きることを学び，社会をつくることに参加する力を獲得していきます。そうした過程が社会化（socialization）と呼ばれています。

　ここまできて，乳幼児期の教育・保育の目的である「生涯にわたる人間（人格）形成の基礎を培う」こととは，「人間として，社会とかかわる人として生きていくための基礎」（幼解：24頁）を培うこと，すなわち「社会化へと導くこと」であることがわかりました。すなわち，保育者には，「社会化へと導く専門性」が求められているのです。

◻ 社会化過程における乳幼児期の重要性

　社会化の過程において人間が身につけていく力は社会性や道徳性と呼ばれ，就学前の教育・保育のガイドラインである「幼稚園教育要領」「保育所保育指針」「幼保連携型認定こども園　教育・保育要領」においても，社会性の発達や道徳性の芽生えを重視した記述がなされています。[注1]

　社会性とは，一般に「その社会が支持する生活習慣，価値規範，行動規範などによって行動できるという社会的適応性」や「他者との円滑な対人関係を営むことができるという対人関係能力」を意味していますが，乳幼児の社会性としては，大人や同年齢・異年齢の子ども同士の関係などの対人関係，生活習慣の自立，ルールや決まりを守ろうとする力や自己発揮と自己抑制をして気持ちを調整する力等を指していることが多いようです。

　道徳性の芽生えとしては，本書の第2章第4節で説明されたように，昨今の道徳教育政策や次に説明します現代社会の状況を踏まえて，社会性の土台の上に培われてくる，①他者と調和的な関係を保ち，自分なりの目標をもって，人間らしくよりよく生きていこうとする気持ち，②自他の欲求や感情，状況を受容的・共感的に理解する力，③自分の欲求や行動を自分で調整しつつ，ともによりよい未来をつくっていこうとする力が求められています。[9]

　乳幼児期は，社会性や道徳性の芽生えを培う重要な時期で，社会化のプロセスは，乳児期にすでに始まります。人間は，生まれたときにはまだ，社会性や道徳性をもっていませんが，他者とともにあり，他者に合わせようとする，他者との間の基本的な信頼関係を求める欲求は生まれながらにもっています。[10]

　乳児期においては，こうした欲求に対する適切な応答がなされることを通して，基本的信頼感を形成することが重要です。幼児期になると，自我が芽生えた幼児が他者とのかかわり合いの中で葛藤やつまずきを体験することを通して，自己主張したり，ときには我慢したりすること，さらには周りの状況に応じて自分の気持ちを調整する力を身につけていくことが課題となります。

　乳幼児期を通して，人間は，身近な大人との信頼関係を土台として，同年齢・異年齢との子どもとのかかわり合いの中でさまざまなことを経験しながら，

第3章　わたしがめざす保育者に求められる6つの指標

生涯にわたる人間形成＝人間として，社会にかかわって生きていく力を少しずつ培っていくのです。

◻ 現代社会における社会化の問題化
　①　現代社会で求められる社会化
　本書においてもすでに取り上げられてきたように，現代社会の特徴は，①通信技術の発達等を背景としたグローバル化が進み，価値観や行動規範を異にする多様な他者と共に生きていくことが求められている社会であること，②変化が激しく，すでにある規範に適応することだけでなく，他者とともによりよく生きていくことのできる新たな規範づくりが求められている社会であることに見ることができます。
　そのような，変化が激しく，また，異なった生活習慣や価値規範，行動規範をもつ多様な人々の共存が課題となっている社会での社会化の課題は，ただ単に既存の社会に適応する力だけではなく，未来の社会づくりに参加していく意欲や能力，異質な他者と共存するための新たな規範の創造に取り組もうとする意欲や能力を育むことに求められます。[11]
　乳幼児期に培われるべき社会性，ならびに，とりわけて道徳性の芽生えとして，先にあげた諸力が求められてくるゆえんです。
　②　心配される社会化異変
　他方でしかし，私たちが生活している社会の日常に目を移せば，そこには，家庭や地域の子育て力の低下や少子化の進行を背景として，乳幼児がさまざまな人と直接的に出会い，多様な「人」の「間」でさまざまなことを直接的に経験し，「人」の「間」を生きていくために必要な学びを積む機会が減少している現実があります。こうした状況の中で，乳幼児期から青年期の子どもたちの育ちに関して，「社会的人間として育っていないのではないか」という疑念に基づき，子どもや若者に見られる育ちの異変現象を社会化異変として指摘する声があり，そうした状況の進行は「近い将来，社会を解体させることにつながる」というほどの危機感が表明されています。[12]
　社会化異変とは，人間が人間として形成されていくメカニズムならびにそのための環境づくりに大きな関心を寄せる教育社会学者の一人である門脇厚司が，乳幼児期から青年期の子どもたちに見られる人間としての育ちの異変現象に対して用いた言葉です。[13]門脇がその著書でさまざまな調査研究成果を引用しながら具体的にあげているのは，初語が発せられる時期の遅れやその内容など，言葉の習得過程に見られる異変，無気力な子どもたちや自閉症的症状を示す子どもたちの増加，若者世代に広がる人間嫌い現象等で，そのおおもとには，「成長過程における多様な他者との相互行為不足」があると指摘されています。[14]
　これらの現象は，なぜそれほどまでに危機的な問題なのでしょうか。それは，

133

門脇が社会化のプロセスの中で重視している，「社会というものを作り上げていく人間の側の能力とか意欲」が育っていない状況を示しているからです。社会化異変現象が共通して示しているのは，他者への関心や愛着や信頼感が育っておらず，自分が住んでいる生活世界について具体的なイメージを描けない子どもたちの姿です。そうした子どもたちが増えてきている状況に，社会の危機としての警鐘が鳴らされており，そのような状況の中で，「生涯にわたる人間形成の基礎づくり」として「社会というものを作り上げていく人間の側の能力とか意欲」を育む保育者の果たす役割への期待が高まっています。

　では，一人一人の子どもの最初の社会化プロセスに深くかかわることを通して，未来の社会づくりにも大きくかかわることになる保育者には，どのような専門性が求められているのでしょうか。

❏ 子どもを理解し，社会化へと導く専門性

　①　人間形成の基礎を培う乳幼児期の重要性について充分に理解していること
　少子化社会の中で，乳幼児を育てる保護者は，乳幼児期の重要性に関するさまざまな情報に気を配りながら子育てをしています。しかし，それらの情報は，発育・発達の特定の側面のみを重視する偏った視点に基づいたものであることも少なくありません。

　保育者としての専門的な学びを重ねてきたみなさんは，「人間として，社会にかかわる人として生きていくための基礎を培うこと」が乳幼児期の育ちにおいて，最も大切であることを充分に理解している立場から，乳幼児に適切な環境と経験を確保する教育・保育を行うと同時に，保護者に対する子育て相談に応じ，必要な助言ができることが求められます。

　②　乳幼児期における社会性や道徳性の発達過程について理解していること
　①に述べたことができるためには，「人間として，社会にかかわる人として生きていく」力の基礎である社会性や道徳性がどのように芽生え，発達していくものであるのかについて，知識と理解をもっている必要があります。『保育所保育指針解説書』（厚生労働省（2008）フレーベル館）第2章（子どもの発達）注2 を熟読する他，『幼稚園における道徳性の芽生えを培うための事例集』（文部科学省（2001）ひかりのくに）等の関連図書で理解を深めておきたいものです。

　③　子どもの思いを受け止めることができること
　乳幼児は，言葉で表現する力が未熟なため，自分の思いを適切に表現することが困難ですが，他者との関係を求める欲求や他者の感情に対する感受性をもっており，自我の芽生えた幼児も，物を壊したり，他者を傷つけたりすることが悪いことであると感じる感覚をもっているといわれています。壊れてしまった物や泣いている友達を前に葛藤している幼児の思い，何かにつまずいて黙っている幼児の思いを受け止め，気持ちに共感したり，幼児の思いを代弁したり

して，幼児の自己発揮と自己抑制を援助し，自分自身の気持ちを調整できる力の芽生えを促すかかわりが求められます。

幼児の行動や目に見える行為の結果のみを見て状況を判断するのではなく，言動や沈黙の奥にある幼児の思いを受けとめようとする姿勢が大切です。これは，乳幼児の発達過程を，子どもの立場に立って，子どもの目線から理解し，適切な援助をすることができる専門性といえるかもしれません。

④　子どもの成長を温かく見守ることができること

乳幼児の発達過程の理解に関して，個人差があることや，長い期間をかけて，行きつ戻りつしながら成長していくものであることを，保育者は忘れてはなりません。葛藤やつまずき，失敗を繰り返しながら，一人一人のペースで，子どもは少しずつ成長していきます。保育者には，そのような子どもたちの姿を忍耐強く見守るかかわり 注3 が求められます。

⑤　家庭や地域社会との連携を図りつつ子どもを理解し，社会化へと導くことができること

いうまでもなく，乳幼児は集団保育の場だけではなく，家庭や地域社会においてもさまざまな人々とかかわり，社会性や道徳性の芽生えを培っていきます。保育者は，家庭や地域社会での生活の実態にも目を配るとともに，家庭及び地域社会と連携して，多様な人とのかかわりがもてるよう配慮したり，幼児が社会の事象に関心をもち，人と人が支え合って生活していることに気づいたり，人の役に立とうとしたりする気持ちが芽生えていくような環境を整えていくことも大切です。

注1　平成30年度施行の幼稚園教育要領，保育所保育指針，幼保連携型認定こども園教育・保育要領においても，「幼児期の終わりまでに育ってほしい姿」として，「協同性」や「道徳性・規範意識の芽生え」，「社会生活との関わり」が求められています。

注2　平成30年度施行の保育所保育指針においては，発達の道筋や順序は，保育内容と合わせた形で記載されており，平成20年に改定された指針においては第2章（子どもの発達）と第3章（保育の内容）と分かれていた内容が統合され，第2章（保育の内容）となっています。

注3　平成30年度施行の幼稚園教育要領，保育所保育指針，幼保連携型認定こども園教育・保育要領においても，乳幼児の資質・能力を育む人的環境としての保育者の「受容的・応答的かかわり」に繰り返し触れられており，その重要性が示されています。

キーワード

① 人間形成の基礎を培う乳幼児期の重要性を理解していますか
② 乳幼児期における社会性や道徳性の発達について理解していますか
③ 子どもの行動だけではなく，むしろその奥にある子どもの思いを受けとめることができますか
④ 道徳性の芽生えを培う保育者の重要な役割は，善悪の判断を下すことではなく，子どもの成長を温かく見守ることであることを理解していますか
⑤ 子どもを理解し，社会化へと導くためには，保護者や同僚との連携が大切であることを理解していますか

注・引用文献

(1) R. ダーマン・スパークス／玉置哲淳・大倉三代子編訳（1994）ななめから見ない保育. 解放出版社. 24.

(2) 井口太編著（2015）新・幼児の音楽教育——幼児教育・保育士養成のための音楽的表現の指導. 朝日出版社. 29.

(3) 小林美実編（1998）こどものうた200. チャイルド社. 118.

(4) 厚生労働省編（2008）保育所保育指針解説書. フレーベル館. 9.

(5) 同前. 38.

(6) 同前. 37. 保育所保育指針の「第2章第1節（6）生きる力の基礎を培う」の文言です。平成30年度施行の幼稚園教育要領，保育所保育指針，幼保連携型認定こども園教育・保育要領においても，幼児期を通して資質・能力を育む目的として，「生涯にわたる生きる力の基礎を培う」ことが明示されています。

(7) 文部科学省（2008）幼稚園教育要領解説. フレーベル館. 24.

(8) 繁多進ほか編（1991）社会性の発達心理学. 福村出版.

(9) 文部科学省（2001）幼稚園における道徳性の芽生えを培うための事例集. 2. ここでは，これらの力が，道徳性の発達の基盤となる力として挙げられています。

(10) 同前. 3.

(11) 同前. 2. ここでは，「自他双方の欲求や充足感をより調和的に実現する方法を考えること」のできる力とされています。

(12) 門脇厚司（1999）子どもの社会力. 岩波新書.

(13) 同前. 29.

(14) 同前.

第3章 わたしがめざす保育者に求められる6つの指標

さらに学びたい人への基本図書

❷節

杉山文野（2009）ダブルハッピネス．講談社文庫．
石川大我（2009）ボクの彼氏はどこにいる？．講談社文庫．
　『ダブルハッピネス』は性別違和を抱える著者が，悩み苦しんだ時期から，自分らしさを表現できるようになるまでの自伝エッセイ。『ボクの彼氏はどこにいる？』はゲイであることに悩み，認め，カミングアウトしていく自伝的青春記。「セクシュアリティは多様であって当たり前」に気づける二冊です。

❺節

稲垣栄洋（2011）赤とんぼはなぜ竿の先にとまるのか？──童謡・唱歌を科学する．東京堂出版．
　保育現場で日常的に歌われる童謡や唱歌。この本では，歌詞に込められている秘密や謎を，科学者の目から興味深く解説しています。非常にきめ細やかに描かれている日本の美しい自然や日本人の心を，ぜひ歌にのせて未来へ受け継ぐことの大切さがわかります。

❻節

文部科学省（2001）幼稚園における道徳性の芽生えを培うための事例集．ひかりのくに．
　幼児期にふさわしい道徳性の芽生えを培うことのできる教育・保育を行うために，保育者が理解を深めておく必要のある，①幼児期の道徳性の発達についての基本的な考え方，②配慮の基本的な考え方と指導計画作成の手がかり，③具体的事例が掲載されています。

❻節

門脇厚司（1999）子どもの社会力．岩波新書．
　初語の遅れや発育の乱れ，無気力化，自閉症児化，人間嫌いといった，子どもの育ち方に見られる異変に危機感を募らせてきた教育社会学者が，子どもの「社会力」が育まれるメカニズムを説明し，「社会力」を育むことへの大人の責任やその手法を論じています。

❻節

河合隼雄（1997）今ここに生きる子ども──子どもと悪．岩波書店．
　今は亡き著名な臨床心理学者による，事例も豊富で読みやすい書物です。「子どもの悪」に対する見方のみならず，子ども理解の深い次元を拓いてくれ，子どもの成長を願う大人としてどのように「子どもの悪」に対処するべきか，多くのヒントを与えてくれます。

演習課題3
小澤俊夫（1999）昔話の語法．福音館書店．
松岡享子（1994）たのしいお話　お話を語る．日本エディタースクール出版部．
　この2冊は演習課題3と深くかかわっており，昔話と「素話」についてさらに学修したい人におすすめです。日本を代表する昔話とストーリーテリングの研究者が，それぞれの視点から深く考察している良書であり，きっとみなさんの力になるはずです。

演習課題 3 ♪

自己の保育・教育方法の
課題を明らかにしよう1

1 ロールプレイとは何か

□ 第3章の学びを振り返って

　本書の第3章では，社会から保育者に対して求められている専門性と指導力に関して，特に重視されている事柄に焦点を当て学修しました。ここまでの学びを振り返ってみると，みなさんが現時点までに獲得できている力と，今後の獲得が急がれる力とが何なのかが明らかになったのではないでしょうか。

　今後，得意とする専門性と指導力をさらに伸ばすことに加え，苦手と感じている部分をできる限り解消することがみなさんにとって重要となります。ただ，自分自身が課題とする事柄を克服することは，それほど容易なことではありません。課題を乗り越えるためには地道な努力が必要とされるうえに，思ったような成果が上がらない場合もあります。しかし，それでも諦めることなく，理想の保育者像に向かって努力を続けることが求められているのです。ですから，みなさんが子どもたちのもつ力を信じて保育活動を実践するように，自分自身には課題を克服できる力があると信じて取り組み続けてください。

□ 課題におけるロールプレイと相互評価の重要性

　さて，演習課題3は「自己の保育・教育方法の課題を明らかにする」ことを目的としており，「素話」と「設定保育」の2つがテーマとして設定されています。それぞれの演習はロールプレイ（役割演技）によって取り組むことと，学修者同士の相互評価により，自分自身の課題点に対する解決方法を模索することが求められています。

　ロールプレイでの学修が求められている理由は，実際に経験することが知識の定着にとって非常に効果的だからです。また，さまざまな役割を演じることから，多様な視点に立つことができ，物事を客観的にとらえる練習にもなります。

　ただ，ロールプレイにおける演劇的な要素に対して，とまどいを感じる人がいるかもしれません。しかし，ロールプレイでの学修の要点は，決してうまく演じることではありません。さまざまな立場から物事をとらえる練習を通して，課題解決のための実践力を向上させる学修方法なのです。したがって，ロールプレイではうまく演技することを意識するのではなく，ある立場での演技を通して「どのような行動が問題の解決につながるのか」ということを意識することが大切なのです。つまり，「これが実際の保育場面であれば，自分自身はどのように行動するのか」ということを考えながら演じることで，より意味のある学修成果を獲得することができるのです。

　次に，学修者同士の相互評価の重要性を確認しておきましょう。ロールプレイでは自分自身の実践を通した学びだけでなく，他者の役割演技を観察することによっても，

第3章　わたしがめざす保育者に求められる6つの指標

課題解決のための手がかりを学び取ることができます。さらに，ロールプレイを通して感じとった事柄について，学修者同士が相互に共有することができれば，獲得できる学修の成果は倍増することになります。つまり，相互評価を実践することで，個人の学びだけでは獲得できなかった質と量の学修成果を得ることができるようになり，自分自身の課題点を克服する際に参考となる道筋をより多く獲得することにつながるのです。

　ただし，相互評価による学修活動では，配慮をしなければならないことがあります。それは「他者を非難することが目的ではない」ということです。私たちが他者を評価する際に陥りがちなことは，学修活動とその成果に対する客観的な評価を，相手に対する個人的な好悪感情と混同してしまうことです。私たちが相互評価をする理由は，よりよい学修成果を獲得するためにあります。他者に対する個人的な感情を述べ合うことに重きを置くのではなく，客観的で建設的な意見を伝え合いましょう。他者の素晴らしい学修活動とその成果に対しては，前向きで積極的な評価を行い，改善すべきだと感じた点については正しく批判することが重要となります。ただし，批判は決して非難ではありませんから，学修者の人格を尊重し，建設的で見通しをもつことができる意見を付け加えるように心がけてください。それでは次項からは，課題についての具体的な説明に移ります。積極的に取り組んでみましょう。きっとあなたが理想とする保育者像に近づけるはずです。

② 素話のロールプレイと相互評価

□ なぜ素話を学ぶのか

　これまでにみなさんは，講義・演習や実習を通して素話について学修する機会があったと思います。そして，実際に素話を実践した人もいると思います。

　保育現場における言語表現活動には，絵本の読み聞かせや紙芝居などもあります。それらの活動と素話には，子どもと保育者が聞き手と話し手になる点や，話の内容を楽しめる点などが共通項としてあります。しかし，共通の特徴があるから同じ効果をもち，代替が可能な活動だととらえるのは誤りです。それぞれの活動に固有の良さがあり，子どもたちの成長においても，それぞれが必要不可欠なのです。

　ただ，もしかすると，みなさんにとって素話は，それほど身近な存在ではないのかもしれません。たとえば，絵本の読み聞かせや紙芝居は，実習などでも一度は経験したことがあるでしょうし，特に絵本は図書館や書店でもよく見かけますので，みなさんにとっては非常に身近な児童文化財として認識されていると思います。しかし，素話に関しては，実践を経験したことがない人もいるでしょうし，なかには「子どもの頃から今まで一度も聞いたことがない」という人もいると思います。

　そこで，本章では素話について再確認し，理解を深めるとともに，素話の実践に役立つスキルを獲得したいと思います。それは，多様な言語表現活動を実践できる保育者が子どもたちに求められる保育者であり，素話によって物語を伝えることが，未来の社会を支える子どもたちの心を豊かにすることにつながるからです。そして，本書

139

表3-1　素話とのちがい

絵　本	・基本的には絵と文章によって表現されており，読み手と聞き手は絵を見ながら文章を読むことができる。 ・読み手と聞き手は，「一対一」・「一対多」の関係性が想定されている。 ・聞き手がいなくても，読み手（読者）が一人で楽しむことができる。 ・聞き手は，視覚（絵・文章）と聴覚（読み手の声）から情報を取得する。
紙芝居	・絵と文章が使われているが，聞き手は文章を読むことができない。 ・読み手と聞き手は，「一対多」の関係性を想定している。 ・読み手と聞き手の両者がいることで成立する。 ・聞き手は，視覚（絵）と聴覚（読み手の声）から情報を取得する。
素　話	・語り手の声のみで表現される。 ・語り手と聞き手は，「一対一」・「一対多」の関係性が想定されている。 ・語り手と聞き手の両者がいることで成立する。 ・聞き手は，聴覚（語り手の声）から情報を取得する。

出所：高橋一夫（2014）ことばを育む・保育に活かす言語表現．みらい．44．をもとに作成。

の「はじめに」でも触れた通り，みなさんには社会から求められる保育者として保育現場に立ってほしいのです。

　それでは，本演習課題における学修の流れについて説明します。まず，「素話」とは何かということについて復習します。次に，「素話」を実践する際の適切な物語の選定の仕方について，さらに，物語の内容を覚えるにあたっての効果的な方法について確認します。最後に，ロールプレイと相互評価の手法を用いて「素話」の実践に挑戦します。何よりも実際に物語を覚え，人前で「素話」を実践するという経験を積むことが重要なのです。その経験から得られた知見こそが，みなさんの保育実践に対する自信になるのです。

□ 素話の特徴と適した題材

　今一度，「素話」の定義について確認しておきましょう。辞典などを確認すると，「素話」とは視聴覚教材を用いずに昔話などを語ること，と表現されています。また，アメリカの図書館における児童サービスであるストーリーテリング（storytelling）のことを指す，とも記されています。いずれにせよ，「素話」を定義づける大きな特徴は，物語を覚えて語るという点にあります。そして，情報機器が高度に発達した今日の社会では，大人が子どもに直接的に語る形式の言語表現活動の重要性が再認識されており，子どもたちが物語を耳で聞き，その内容を想像することで，豊かな想像力が養われると指摘されています。

　それでは，「素話」と他の言語表現活動との違いは何なのでしょう。素話と絵本の読み聞かせや紙芝居との相違点を整理すると**表3-1**のようになります。確認しておきましょう。

　それぞれの言語表現活動の相違点が確認できたでしょうか。次に，「素話」ではど

第3章　わたしがめざす保育者に求められる6つの指標

のような題材を選定すればよいのか，ということについて考えていきましょう。

　やはり，「素話」を実践する際には，「何を語るのか」が大きな問題になります。そして，これがみなさんの悩みの種になるわけです。それでは，いったん「素話」を離れて考えてみましょう。絵本の読み聞かせであれば，みなさんはどのような観点から絵本を選択するのでしょうか。たとえば，実習の時期や季節を考慮しテーマを選ぶ場合もあれば，担当する子どもの年齢段階に合わせたテーマを考えることもあるでしょう。また，園行事に合わせてテーマを設定することもありますね。そして，その選定方法で絵本の読み聞かせは上手くいったのではないでしょうか。同様に，「素話」のテーマを設定する場合も，子どもたちの成長に欠かせない事柄や，ぜひ経験させたい事柄を中心に考えることが効果的だといえます。

　しかし，それでも不安が残るという意見があるかもしれません。それは，みなさんが題材の選定よりも，「子どもたちの集中力を持続させる話し方ができるのか」に大きな不安を感じている場合が多いからです。中には話す技術に自信がないので諦めるという意見まで聞くことがあります。

　それでは，発想を転換しましょう。まず，話す技術についてですが，自信を持てるようになるには練習をするしかありません。何事に関しても，最初から完璧にできる人はいません。だからこそ，練習を通して経験を積むのです。ですから，最初から上手く話すことができるとは思わないようにしましょう。

　ただし，題材のもつ力を借りて「素話」を成功に導くことはできます。作品の中には，子どもたちを惹きつける力が強いものと弱いものが存在するのです。ですから，題材を選定するにあたって重要なことは，子どもたちを惹きつける力がある物語を選ぶということです。そして，惹きつける力が強いものとして，昔話をあげることができます。

▢ 昔話の特徴

　昔話は世界各地で語られてきました。口で語られた物語を耳で聞き，その内容を想像して楽しむという行為は，人間が大切にしてきた文化的な活動です。専門的には口承文芸といいますが，ひと昔前の日本社会においても，囲炉裏端で祖父母が子どもたちに昔話を聞かせるということが普段の生活の中に息づいていました。そして，昔話を語る際には何も用いませんが，十分に内容を理解できたのです。なぜならば，昔話が長い年月を経る中で，子どもたちが耳で聞いただけで理解できるように変化したからです。そのため，「素話」の題材としても昔話が適しているのです。

　物語の種類には，創作物語というジャンルもあります。昔話とは異なり，明確に作者が存在する作品のことです。その創作物語と比較したうえでも，題材として昔話を用いる利点が見えてきます。それは聞いたときのわかりやすさです。もちろん，創作物語の中にも素晴らしい作品はあります。ただ多くの場合，文章になった文字を目で読むことを前提としています。そのため，耳から内容を聞いたときに，わかりにくい場合があるのです。

一方，昔話はもともと口伝えで語られたものですから，耳から聞いただけで理解ができる構成になっています。昔話は数百年にわたって伝えられてきました。言い換えれば，誰が聞いてもわかりやすく，心に響く作品だけが現在にまで残ったのです。したがって，現代の子どもたちの心をも惹きつける力をもち得ているのです。ですから，はじめて「素話」に取り組むような場合には，昔話を題材とすることがおすすめです。

　しかし，さまざまな情報を簡単に手に入れることができる現代社会に生きるみなさんの中には，昔話に対して古臭い印象をもち，魅力を感じない人もいると思います。また，昔話の内容に対する批判も存在します。そのために，絵本などでは昔話として伝わってきた内容が変更されている作品もあります。

　たとえば，「3びきのこぶた」におけるオオカミの末路や，「かちかちやま」におけるおばあさんの処遇についてです。熱湯の煮立った鍋に落ちたオオカミが夕飯にされてしまうことや，おばあさんがタヌキに杵で打たれて殺される部分が，子どもたちへの読み聞かせには適していない，という考え方によって変更されているのです。

　しかし，この点について，昔話の研究者は非常に明快な回答を示しています。簡単に説明すると，昔話のめざすところは残酷な場面を強調することではない，ということです。昔話の中心は，主人公の結末がどうなるのか，ということです。ですから，子どもたちは純粋に，主人公がどうなるのかに興味をもって昔話に聴き入ります。

　さらに，子どもと大人では昔話に対するとらえ方が異なる，という点も指摘されています。大人は人生経験が豊富であるため，物語の出来事を非常にリアルに想像することができます。そのため，昔話の出来事の細かな部分が気になるのです。しかし，子どもたちは異なります。主人公の結末だけが気になる子どもたちは，細かなことを気にせずに非常にシンプルに想像するのです。そもそも昔話は一つひとつの出来事を詳細には語りませんので，子どもたちのとらえ方が正しいといえるのでしょう。

　もちろん，子どもたちへの配慮を最優先にし，「素話」の題材を決定することは重要なことです。ただ同時に，さまざまな話を聴く経験も，子どもたちにとっては大切なことです。大人が考える都合だけで情報を遮断することは，子どもたちの経験を減らすことにもなるのです。

　みなさんは昔話の内容についてどのように考えますか。保育・教職実践演習を通して話し合ってみるのもよいですね。

❑ 物語の覚え方と語り方──「素話」を成功させるために

　「素話」の実践を成功させるための手続きとしては，図書館におけるストーリーテリングの実践理論が援用できます。ここではそれを紹介したいと思います。

　まず，ストーリーテリングではよい文章を覚えるということを重視します。「素話」の題材を選ぶ際に，物語が掲載されている書籍を利用しますが，よい文章が載っている本を選ぶことが大切だということです。そして，ストーリーテリングにおいて，よい文章とは目で読んでわかりやすい文章ではなく，耳で聞いてわかりやすい文章であるということです。これは「素話」にもあてはまります。最近は，語ることに焦点を

あてた物語集が数多く出版されていますので，それらを活用するとよいでしょう。後に紹介しますので参考にしてください。

　語るために整えられた文章を覚えることで，語り手はよい言葉で語ることができます。日頃の私たちは自由に会話をするため，語りには適さない言葉を使うこともあります。それらを避けるためにも，よい文章を覚えることが大切です。さらに，聞いてわかりやすい文章で語ると子どもたちの集中力が保たれます。子どもたちが集中できると，語り手自身の心も安定し，より語りやすくなります。ですから，文章を覚える際の基本は，書かれている語句通りに覚えることとなります。できる限り正確に覚えるように心がけましょう。

　次に，「丸暗記を避ける」ことが大切です。丸暗記をした場合は語りが機械的になり，緊張した状況では内容が思い出せないことが起こります。丸暗記を避ける覚え方は次の通りです。

❶　文章全体を声に出して読む（繰り返し読むと効果的です）

❷　物語の構造（骨組み）を頭に入れる（大きな物語の流れを把握することで，語っているときに見通しをもつことができます）

❸　物語を場面ごとに「絵」にして想像を膨らます（文字だけでなく，画像と結びつけることで記憶が強化されます）

❹　最後に全体を通して読み，細かな調整をする（最終的な仕上げをする）

　まずは，文章全体を声に出して読みます。自分の声を自分の耳で聞くことが大切です。そして，一部分だけを読むのではなく，全体を通して読みましょう。全体を読み通すことで，物語の構造が理解できるためです。物語の全体的な流れが頭に入れば，途中で忘れてしまったとしても，物語の結末に向かって語り直すことができます。

　次は，話を場面ごとに，頭の中で絵にします。画像として想像することで，語り方が明確になり，聞き手がわかりやすくなるといわれています。最後は，もう一度全体を通して読み，仕上げをしましょう。

　次に，語り方についてですが，大きく2つの方法があります。一つは動作を最小限に抑え，穏やかな口調で語るという方法と，もう一つは役柄によって声色を変え，表情豊かに身振り手振りを交えて語るという方法です。この2つの語り方については，さまざまなとらえ方がされています。しかし，どちらがよいのかといったとらえ方ではなく，どちらにもよさがあり，保育実践の目的に応じて使い分けることが重要なのです。

　たとえば，物語の内容を子どもたちに伝えることを目的とし，内容を理解してほしいと考えるのであれば，動作を最小限に抑え，極端に演じ分けをしない語り方が適しています。一方で，子どもたちと楽しい時間を共有することを目的とするのであれば，登場人物の役柄によって声色を変え，身振り手振りを交えるとより効果的です。ぜひ，みなさんは使い分けができるようになってください。

　最後に，素話をある程度経験し，自信がついてきた頃に注意してほしいことがあります。それは，自分の語りに酔わないということです。自己陶酔した語り方で「素

話」をすると，子どもたちはまったく集中することができません。「素話」を聴く子どもたちの様子を，客観的に確認できるような冷静さが保育者には必要なのです。

❏「素話」の練習——ロールプレイによる実践

　「素話」の効果を強く意識するには，実践してみることが一番だといえます。もちろん，不安や心配もあると思いますが，物語を記憶し語ることを経験してみましょう。経験を積むことが「素話」を実践するための自信を得る第一歩です。

　まず，「素話」の題材選びに適している書籍を 2 つ紹介します。それは『語りつぎたい日本の昔話（1〜7）』（小澤俊夫監修・再話，小峰書店）と，『愛蔵版おはなしのろうそく（1〜10）』（東京子ども図書館編）です。前者の特徴は，日本各地に伝わる昔話を簡潔で明瞭な語り口に再話している点です。短い作品も数多く掲載されているので，練習には最適だといえます。後者の特徴は，図書館におけるストーリーテリングや保育現場で愛されてきた世界の昔話が掲載されている点です。比較的に長い作品も掲載されているので，より達成感を味わいたい人に適していると思います。この 2 冊に掲載されている昔話から，本演習で活用できる作品をいくつかあげます。参考にしてください。

「夢の蜂」（『語りつぎたい日本の昔話 1 』）

「狐の玉」（『語りつぎたい日本の昔話 2 』）

「三つの願いの神さま」（『語りつぎたい日本の昔話 3 』）

「初夢を教えないで得した話」（『語りつぎたい日本の昔話 5 』）

「おいしいおかゆ」（『愛蔵版おはなしのろうそく 1 』）

「ふるやのもり」（『愛蔵版おはなしのろうそく 2 』）

「風の神と子ども」（『愛蔵版おはなしのろうそく 5 』）

「ねずみのすもう」（『愛蔵版おはなしのろうそく 9 』）

　もちろん，上記の 2 冊以外にもさまざまな書籍がありますので調べてみましょう。ただし，活字を読んで楽しむことを念頭においた作品ではなく，耳で聞いて理解しやすい作品を選定することが重要であることを忘れないようにしてください。

　それでは，「素話」の学修モデルを示しますので，流れに沿って始めましょう。

❶ お互いの「素話」を聞き合う4人グループを作る
　（学修を効果的に行うためにも，必ず4人以下で設定してください）
❷ 上述の書籍などを参考に作品を選定し，グループメンバーに紹介する
　（多くの作品に出会うことを目的とするため，同じ作品を選んだ場合は変更しましょう）
❸ 上述の覚え方を参考に，作品を覚える
　（覚える過程で，誰かに聞いてもらうとより効果的です）
❹ 発表の順番を決める
　（発表する直前に順番を決めてください。同じ条件で発表するためです）
❺ 上述の語り方を参考に，順番に「素話」を実践する
　（協同学修ですのでグループメンバーのためにも，最大限の努力をしましょう。途中で間違ってもよいので，最後まで語り切りましょう。聞き手は，語り手を最大限に受容し，子どもになったつもりで温かなまなざしで見守ってください。発表が終わるたびに拍手をするとよりよい学修活動となります）
❻ 発表後，どのような覚え方をしたのか，練習時間はどのくらいだったのか，などについて聞き手に説明する
　（可能な限り詳しく説明してください）
❼ 聞き手はそれぞれに，語り手の良かった点を伝える
　（欠点の指摘は必要ありません。改善点の指摘は，「素話」を何度か経験した後にしましょう）
❽ ワークシートにグループメンバーで話し合ったことをまとめる
❾ グループ全員が実践するまで繰り返す

　この学修モデルは，保育・教職実践演習の2時限を活用したものを想定しています。最初の授業で❶から❸までを，そして，一週間後の授業で❹から❾までを実践する形となります。一週間で物語を覚える作業をしなければなりませんが，みなさんであれば十分に取り組めると思います。人前で語る練習を繰り返すことで上達し，自信もつきますので，失敗を恐れずに挑戦しましょう。
　話し合った内容をワークシート（**資料3-5**）にまとめてみましょう。改めて文章にすることで，学修内容を深めることができます。また，ていねいに作成することで，将来保育現場に立ったときに役立つ資料にもなります。では，「素話」の実践を楽しみましょう。

資料 3-5　ワークシート

1	学籍番号		氏　名	
題材名			参考書籍	

「素話」を聴いた感想（発表者の場合は実践の感想）

よかった点・参考にできる点（発表者の場合は努力した点と反省点）

2	学籍番号		氏　名	
題材名			参考書籍	

「素話」を聴いた感想（発表者の場合は実践の感想）

よかった点・参考にできる点（発表者の場合は努力した点と反省点）

3	学籍番号		氏　名	
題材名			参考書籍	

「素話」を聴いた感想（発表者の場合は実践の感想）

よかった点・参考にできる点（発表者の場合は努力した点と反省点）

4	学籍番号		氏　名	
題材名			参考書籍	

「素話」を聴いた感想（発表者の場合は実践の感想）

よかった点・参考にできる点（発表者の場合は努力した点と反省点）

演習課題 4 ♪

第3章　わたしがめざす保育者に求められる6つの指標

自己の保育・教育方法の
課題を明らかにしよう2

・・

☐ 設定保育にチャレンジしよう

　日々営まれる保育には，必ずねらいがあります。そして，そのねらいを達成するためには，綿密な計画が必要です。日々営まれる保育は，この計画に基づいて，そのクラスを担任する保育者が細やかな配慮のもと，実施し続けていくことになります。みなさんも保育者になれば日々ねらいに向かって保育し，子どもの成長につなげなければなりません。そのためにも設定保育を行うことは，大変有意義なことです。この授業では，現場での実習と違って，学生同士が交替で保育者役と子ども役になって行います。これをロールプレイといいますが，準備段階として指導計画（日案）を作成し，ロールプレイを行うことで，指導計画作成時では想定できなかった援助・配慮や，子どもの姿が実際に見えてきます。保育者や子どもの立場に立ってみると，さまざまな発見があり，保育についてお互いが成長し合えるよい機会となります。

　次の項の手順に従って設定保育の準備をしてみましょう。

☐ 指導計画を作成しよう

　実習先において設定保育（模擬保育）をする場合，短時間の保育を担当する部分実習の指導計画または，一日の保育を担当する全日実習の指導計画のどちらかを作成することになります。どちらの指導計画についても，下記の手順に沿って作成します。この授業では部分実習の指導計画を作成することにします。

　手順❶　子どもの生活する姿をとらえる

　担当するクラスのその週（月）の流れ，そして，子どもがどのような経験をしてきたのか，子どもが何に興味関心を持っているのか，また，個々の子どもの発達段階など，まず子どもの生活する姿を把握する必要があります。

　これから実習に出る学生のみなさんは，実習園のオリエンテーションで，担当保育者に日々の子どもの姿について聞いておきましょう。

　手順❷　その日の主な活動を選ぶ

　年齢に合わせることはもちろんのこと，当然，季節感も考慮しなければなりません。子どもの生活は継続していますので，前週の遊びの内容や生活の姿からどのようなことを楽しんでいたのか振り返るとともに，今，子どもが何に興味，関心をもっているのか，子どもの姿（発達）に合わせた活動を考えなければなりません。しかし，この授業では子どもがいると仮定して行うことになりますので，設定保育を行う時期の子どもの発達，年齢，季節感，興味・関心を予想して活動を考えてみましょう。

　また，活動をいくつか選んだ際，特に製作活動では，シミュレーションを行う必要があります。とても簡単に作れそうにみえた活動も，実は子どもにとってとても難しい活動だったりします。子どもの姿をイメージしながら「ここはちょっと難しいか

147

な」「この部分はあらかじめ○○した方がスムーズにいくかな」などと，一度自分自身でやってみることで材質の特性などを知る，新しい発見があるはずです。これを「教材研究」と呼びます。この教材研究を行わないで，指導計画を立てることは無謀だといってもいいかもしれません。しっかり教材研究を行い綿密な計画が立てられるようにしましょう。

手順❸　大まかな活動の流れを構想する

部分実習の時間は，実習園の担当クラスによって違います。乳児と幼児では集中時間の差がありますし，活動によっても時間が変わってきます。実習園から与えられた時間がある場合はそれに従い，予想して行う場合は，年齢に合わせて考えてみましょう。

設定保育をする場合，活動時間も重要ですが，その活動に興味，関心，意欲がもてるような「導入」がとても重要になってきます。子どもたちが「やってみたい！」「楽しそう！」と思えるような「導入」を考えてみましょう。導入方法で保育が決まるといっても過言ではないくらい，「導入」はとても重要です。たとえば，与えられた時間が30分だとしましょう。導入時間と活動時間をどのように配分するか十分検討してください。「導入」があまり長時間になると子どもの意欲が半減してしまうことにもなりかねません。また逆に，導入が不十分なまま活動に移った場合も同じことがいえます。「導入」と「活動の展開」のバランスが設定保育の明暗を分けることになりますので，しっかりと構想を練る必要があります。最終的にはこの30分で主な活動のねらいを達成しなければなりませんので，ねらいを意識して構想することが大切です。

手順❹　予想される子どもの活動と併せて保育者（実習生）の援助・配慮，環境構成を考える

前項で大まかに立てた流れから，予想される幼児の活動を具体化していきます。実習で学んだ子どもの姿をふり返り，子どもの活動を予想します。「グループ別に椅子に座る」，「道具をロッカーから持ってくる」など，細かい活動をあげていきます。実習では，子どもの想定外の行動が観察できたと思いますが，そうした行動に直面することは往々にしてありますので，その場合，どのような援助・配慮が必要なのかを保育者（実習生）の援助・配慮欄に記入します。必ず子どもの予想される活動を記入しながら，実習生の援助・配慮を記入します。おそらくみなさんが実習で見てきた子どもの様々な姿がよみがえり，援助・配慮も数多く記入できるはずです。

そしてそれと同時に，イメージしている環境図を環境構成欄に記入します。図で示す場合は必ず定規を使用します。また，環境構成欄には図のみ記入すればよいのではなく，なぜそのような配置にするのか，どこに気をつけるのかなど，保育者（実習生）の意図を文章で書き表す必要があります。保育者の援助・配慮を示す内容の中でも，環境構成にかかわる保育者の援助・配慮はこの欄に記入します。環境には物的環境や人的環境そして時間，雰囲気，事象などの諸条件がありますが，ここでは主に物的環境に対しての援助・配慮事項を記入します。

第3章 わたしがめざす保育者に求められる6つの指標

資料3-6 指導計画様式

指 導 計 画

責任実習（全日 ・ 半日 ・ 部分）

氏名 _____

年 月 日 曜日			場 所	
実習クラス	（ ）歳児（ ）組 男児（ ）名 女児（ ）名 計（ ）名			
主 な 活 動				
子どもの姿				
ね ら い				
準 備 物				

時間	環境構成	予想される子どもの活動	実習生の援助・配慮

149

手順❺　指導計画，設定保育計画表を記入する

　指導計画の記入用紙は，大学や実習園の指定用紙を使用することになります。ここでは，資料3-6の指導計画様式を用いて，巻末資料にある（180～187頁）0歳児から5歳児の指導計画例を参考に作成してみましょう。なお，この指導計画例は，指導のポイントのみ記入していますので，みなさん自身でより具体的に記入し，完成させてください。また，設定保育を授業で行う場合は，資料3-7の設定保育計画表も作成すると，自分の保育に対するイメージがより明確になります。

手順❻　指導計画の見直しをする

　細やかな配慮を施した指導計画を立てることができましたか。これで十分と思っても，いざ保育を行うと予想もしないことが起こることもあります。それは，子どもたちはさまざまな影響を受けて生活しているため，予想通りにいかないことが多いからです。そうした場合，臨機応変に対応しなければなりません。保育は計画通りにいかないことが多いものです。しかし，だからといって計画もなしに保育をするのは無謀です。保育者は，子どもの命を預かる責任ある仕事を行っていますので，いい加減な気持ちで保育に取り組むことだけは避けたいものです。あらゆる状況を予想して適切な対応ができるようにしなければなりません。

　資料3-8の指導計画チェックリストで指導計画に漏れがないか点検してみましょう。

☐ **設定保育をやってみよう（ロールプレイ）**

　指導計画を作成したら，実際に保育をしてみましょう。学生同士が交替で保育者役，子ども役になってお互いの保育を実践しあいます（ロールプレイ）。設定保育（模擬保育）を行うことで，指導計画作成時には想定できなかった援助・配慮などが発見でき次の保育につなげることができます。保育はその日のその時間の子どもたちの状況によって左右されます。計画通りに展開できず臨機応変な行動が求められることが往々にしてあります。瞬時に対応できる力を養うためにもロールプレイは効果的といえます。

　また，子ども役になって保育を受けることで子ども側の視点に立ち保育を見つめ直すことができます。保育者役の話し方は年齢に合った話し方になっているか，いざ説明を受けてみて初めて理解できにくいとわかることもあります。保育現場に出るまでにこうした設定保育（模擬保育）を通してふり返りを行う機会をもつことは大変重要だといえます。ロールプレイは下記の通り，3つ方法があります。授業で可能な方法を選び実践してみてください。

　①　二人組になり，お互いに保育する。

　この方法は，時間的にも効率がよく，授業時間内で終えることができますが，その反面，評価者は一人に限定され，気づきも少なく，偏った評価になりがちです。また，保育現場のように大勢の前で保育する環境ではないため，緊張感があまりもてない場合があります。

第3章　わたしがめざす保育者に求められる6つの指標

資料3-7　設定保育計画表

設定保育計画表（例）

学籍番号　　　　　　　　　クラス　氏名

歳児		名	場所	
主な活動				
ね ら い				
活動内容				
	準　備　物		環境構成図	
（保育者）				
（子ども）				

※資料があれば添付すること

資料 3-8 指導計画チェックリスト

項　目	チェック内容	記入例
場　所	□主な活動を行う場所は適当か □天候への配慮はできているか	・〜ぐみ保育室 ・園庭（雨天の場合は遊戯室）
主な活動	□実習クラスの子どもの発達が配慮できているか □子どもが興味,関心をもてる内容になっているか	・〜を工夫して作る ・〜を使って〜して遊ぶ ・みんなで〜して遊ぶ
子どもの姿	□子どもの生活の様子や遊びがとらえられているか □何に興味・関心をもっているのか,何を楽しんでいるのかが記入できているか □子どもの姿に応じた形で,主な活動の設定理由が記入できているか □実習生の願いや意図が表現できているか	・〜を楽しむ姿が見られる ・〜の様子か見られる ・〜に興味をもっている ・〜ができるようになってきた ・〜に興味をもっているので,〜することにした
ねらい	□年齢に合った無理のないねらいになっているか □心情・意欲・態度を示す表現になっているか	・〜の楽しさを味わう ・〜の充実感を味わう ・〜に親しみをもつ ・進んで〜しようとする ・〜に興味関心をもつ ・〜を身につける
準備物	□数量は人数に応じて準備できるようになっているか □事前に準備をするものは整えられているか	・のり（8個） ・のりの下紙（8枚） ・のりの手拭（8枚）
時　間	□活動は無理のない時間帯で展開できるようになっているか □予想される幼児の大まかな活動の区切りに合わせて時間が記入できているか	・「10：00」など,数字で記入
環境構成	□環境構成は,具体的にイメージできるように記入できているか □環境構成に関する保育者の援助・配慮は,環境構成欄に記入できているか □環境図はイメージできるように図で示されているか □環境図は定規を使用してきれいに書けているか □場面に合わせた環境図が示されているか □使用するものがすべて書かれているか（個数なども） □製作物などの場合,完成図が描けているか	・環境図 ・環境図に対して,下記の内容が記入できているか 「何のために」 「何を」 「どこに」 「どのように構成するか」 ・〜ができるように〜を図のように置いておく

予想される 子どもの活動	□予想される子どもの活動は，主語のみになっていないか □予想される子どもの活動は，具体的に記入できているか □一日またはその時間の流れがわかるように書かれているか □子どもが主語で書かれているか □年齢や発達に合った流れになっているか □ねらいを達成できる活動内容になっているか	・〜をする ・保育者の話を聞く ・〜の準備をする
保育者（実習生）の援助・配慮	□予想される子どもの活動に応じた保育者の援助・配慮が記入できているか □保育者の行動だけでなく，意図（何のために，なぜ）も記入できているか □ねらいを達成するための保育者の援助・配慮が記入できているか □活動の時間が足りない場合や余った場合の配慮について記入できているか □子どもの状況に合わせて臨機応変な対応ができるような配慮が記入できているか □年齢に応じた言葉掛けや配慮が具体的に書かれているか □子どもたちが興味や関心，意欲がもてる導入になっているか	・〜に意欲がもてるように〜する ・楽しく参加できるように〜する ・〜ように「○○○」などと言葉がけをする ・〜が予想されるので〜をする ・〜を見守る ・〜を提案する ・〜を知らせる ・〜を伝える ・〜の姿を認める ・〜の時は〜ように励ます
その他	□誤字脱字がないか □話し言葉で書いていないか □子どもが主体的に活動する表現になっているか □読みやすくきれいな字を心がけているか	・あんまり→あまり ・ちゃんと→きちんと ・〜してあげる 　→自分でできるように〜する ・〜させる 　→〜できるようにする

②　クラス全員の前で順番に保育する。

この方法は，①とは反対に保育現場のように大勢の前で保育することになりますから，緊張感をもって行えたり，実際の保育を行う人数に近いため，時間配分の目安が立てられたりします。また，子ども役のさまざまな視点からの意見を得ることもできます。しかし，時間的な効率が悪く，相当の授業時間を確保しなければなりません。また，スペース的にも広い場所が必要となります。

③　グループ（10名程度）に分かれ，保育者役，子ども役，それ以外は観察者となって行う。

①と②のメリットを優先する方法としてこの方法で行われていることが多いです。保育者役と，子ども役で人数が収まる場合はこの2役で行うことも可能ですが，観察者をおくことで，保育に必要な第三者の冷静な視点が望めます。保育者役，子ども役，観察者のそれぞれが目的を明確にして参加することが大切です。

ロールプレイの方法が決まったら，順番を決め，設定保育（模擬保育）に取りかかりましょう。設定保育（模擬保育）を行う上で大切なのは，計画が優先ではなく，子どもを優先しなければならないことです。時間を意識しすぎるあまりに，子どもの意欲を損なうことのないよう配慮が必要です。指導計画で立てた活動のねらいを意識すると，どのような言葉かけや援助が必要なのかが見えてきます。活動のねらいを念頭において実践してみましょう。

❑ 設定保育を振り返ろう

設定保育（模擬保育）を実践した後は，保育を振り返ることが大切です。振り返り（評価）をすることで自己課題が明確になります。保育は実践するだけでは，技術を高めることは不可能です。保育は，Plan（計画）→ Do（実践）→ Check（評価）→ Action（改善）の「PDCA サイクル」が基本となり，この流れに沿って実践していくことが，よりよい保育を追求していくことになります。なるべく早い段階で振り返りを行いましょう。

①　まず，自己評価を行います。指導計画をもう一度見直してみましょう。時間配分や環境構成，予想できなかった子どもの活動，そして不足していた保育者の援助・配慮や臨機応変に対応した箇所をすべて追記，修正（ペンの色を変えて書くとわかりやすいです。）してみましょう。追記や修正の内容は，反省点や改善点だけでなく，工夫した点や子どもの表情や動きなど気づいたことすべてを記入してみましょう。

②　続いて他者の客観的な評価を受けます。これは自己評価では気づかなかったことを教えてもらえる絶好の機会です。「ああ，なるほど」と納得させられる気づきもあるはずです。こうした他者の評価も指導計画に追記（自己評価と区別できるようにペンの色を変えるといいです）します。他者の評価で評価シートを使用する場合は，文章では理解が得られないことも多いので，評価の内容を口頭で説明してもらいましょう。

③　最後に，追記した指導計画をもとに改善を行っていきます。そこで大切なのは，

どこがいけなかったのか，何が原因だったのか，そして，どのように改善しなければならないのかを明確にすることです。指導計画の追記部分を参考にしながら，**資料3-9**の振り返りシートに記入してみましょう。可視化することでさらに改善点も明確になるでしょう。

そして，その改善点を次の保育につなげていきます。

計画，実践，評価，改善，この繰り返しが，みなさんの保育技術を向上させていくといっても過言ではありません。よりよい保育者をめざして，何度もチャレンジしてみましょう。

資料3-9　振り返りシート

振り返りシート

（　　　　）グループ　氏名（　　　　　　　　）

模擬保育実施日	月　　日（　）曜日（　）限　時間　　　～
1．時間配分について	
問題点	
原　因	
改善策	
2．環境構成について	
問題点	
原　因	
改善策	
3・予想される子どもの活動について	
問題点	
原　因	
改善策	
4．保育者の援助・配慮について	
問題点	
原　因	
改善策	
5．その他（ねらい、準備物等）	
問題点	
原　因	
改善策	
（備考）	

第 4 章

保育者としてのわたしの課題を
明らかにする

第 4 章では，第 1 章から第 3 章までの学びから，
改めて自分自身について考えてみます。特に，第 3
章で示された保育者に求められる資質の獲得が，ど
の程度進んでいるのかを確認しましょう。自分自身
の現在位置を知ることで，目指すべき保育者になる
ために必要な学びが何かを理解することができます。
保育者になるまでの学びの指針と，さらに保育者と
して働く際の指針を構築しましょう。

1 最終課題に向けて

❑ ここまでで学んだこと

いよいよ「保育・教職実践演習」の総まとめに入ります。ここまでで本書の第1章から第3章までの学びについては，十分に理解ができたと思います。再度，最終課題に取り組む前に確認しておきましょう。

第1章では保育における専門的な学修について，その内容を振り返りました。振り返ることを通して，理解が深化したと思います。第2章では保育者に求められる現代的な課題について，社会的な状況の変化を通して考えました。そのことから高い水準の知識や技術・技能，そして理解が保育者に求められていることが納得できたと思います。第3章では，保育者に求められている基本的な資質について確認しました。みなさんがさまざまな授業を通して繰り返し学んできた基本的な事柄だからこそ，その重要性が高いことを再認識できたと思います。

❑ 本章で学ぶこと

そして，この第4章では「保育・教職実践演習」の総まとめとして，自己分析に取り組みます。ここでのポイントは，他者との比較において自分自身を評価する点にあります。一般的に自己分析は自分自身のことだけに注目し，他者との比較はおこなわないことが多いでしょう。しかし，ここでは他の学修者との比較が重要となります。それは，理想の保育者をめざすためには，個々人の学びだけでなく，他の学修者に学び，さらに学修者同士の相互作用によって得られる学びの成果も必要不可欠だからです。だからこそ，「保育・教職実践演習」を受講している学修者全体の状態を把握し，その中での自らの位置づけを確認することが大切なのです。

それでは，第4章の各演習課題に取り組む前に，課題全体のポイントについて押さえておきましょう。課題全体の要点は「文章化すること」にあります。**演習課題5**では，アンケート調査票を利用しますが，自由記述によっても自己分析をする必要があります。さらに**演習課題6**では，自分自身の現状と行動計画を明確に論述しなければなりません。そのため，ここで意識したいのは論理的な文章の流れを作ることです。最初に論理的な文章を作成するための，3つのポイントを確認しておきましょう。

第4章　保育者としてのわたしの課題を明らかにする

① 現時点で獲得できている保育者としての資質・技能について確認する
② 理想とする保育者像がどのような特徴をもつのか整理する
③ 理想とする保育者像に近づくために何が必要なのかを考える

　この3つのポイントを順番に押さえていくことで，論理的な文章を作成することが可能となります。まず，①は「現状分析」に該当する部分です（以下，①「現状分析」）。そして，②はみなさんの「到達目標」となります（以下，②「到達目標」）。さらに，③が目標を達成するための具体的な「行動計画」なのです（以下，③「行動計画」）。
　しかし，②「到達目標」である理想の保育者像について考えるためには，明確な指標（以下，「指標」）が必要となります。それが次の6つです。

① 子どもへの尊敬と愛情のまなざし
② 多様性によりそう専門性
③ 保護者と子育てを共有する関係性
④ 子どもの権利と福祉を護る社会的意識
⑤ 子どもの力を伸ばす専門性と指導力
⑥ 子どもを理解し，社会化へと導く専門性

　すでに気づいた人がいると思いますが，この6つは本書の全編を通して重視してきた指標であり，特に第3章で深く学びました。つまり，この6点にこそ，みなさんに意識してもらいたい理想の保育者像の特徴が集約されているのです。
　以上から，第4章の課題に取り組む際には，まず，到達目標について6つの指標から現状分析をおこない，次に，目標達成のための行動計画を可能な限り具体的に考える，という手順を踏みましょう。この手順を守ることで，ていねいに最終課題に向き合うことができ，「保育・教職実践演習」の総まとめにふさわしい成果を手に入れることが可能となります。それでは，最終課題に取り組みましょう。

2 自己を客観的に把握する

　それでは，①「現状分析」に該当する部分である「現時点で獲得されている保育者としての資質・技能について確認」に取り組みます。より客観的に自己を把握し，確認することを試みます。そのための方法としていろいろ考えられますが，ここでは，保育者をめざす同じクラスの学修者に学び，また相互に学び合いながら，より客観的な自己の分析に取り組みたいと思います。調査分析の作業を伴いますので，クラスをさらにグループ（班）に分け，グループワークを通して調査結果を整理し，**演習課題5**に取り組みましょう。

第4章　保育者としてのわたしの課題を明らかにする

演習課題 5 ♪

クラス調査をしよう。そして自己を客観的に分析し行動計画をつくろう

① 自己を分析する

❏ 自己の分析アンケート調査票の作成

　保育者としての資質，技能をどの程度修得できたのか，を測るために，指標となる目標に対して，現在の自分の修得の程度を数字化したり，文章化することを試みます。

　理想の保育者像に近づく6つの指標について，第3章ではそれぞれ6つの節に分けて解説しました。みなさんが保育者として巣立つ保育や教育，養護の現場では，6つの指標がそれぞれどのような内容として機能し，意味をもつのか，そしてなぜ重要であるのか，必要であるのか，を具体的にみなさんに説明しました。そして，それぞれの節の終わりに，本文の要約である「キーワード」が示されていたことに気がつかれたと思います。その「キーワード」が，本書で定める理想の保育者像に求められる「指標」の具体的なエッセンスになります。

　それでは，自己の分析アンケート調査票を作成しましょう。

　たとえば，「指標①子どもへの尊敬と愛情のまなざし」の「キーワード」から標準的な質問項目をつくると，以下のようになります。

・保育者としての使命感や愛情のまなざしをもっていますか
・子どもたちへの愛情をもち，子どもを信じて成長を願う，子どもから学ぼうとする謙虚な姿勢をもっていますか
・子どもを育て，それによって自分も育てられる関係にとって大切なのは，お互いの信頼関係であることを理解していますか
・子どもとの関係がうまくいかない時は，子どもの姿をよく見たり，保護者の思いを知ったり，先輩の意見やアドバイスに耳を傾けたりすることも必要であることを理解していますか

　そして，自己の分析アンケート調査票では，「指標」に対する数量の面から分析する回答欄と，数字では測れない自己の内面を洞察する自由記述欄を作成します。他の「指標」についても，同様に質問欄を作成します。その結果，標準的なアンケート調査票が完成します（**資料4-1**）。

❏ アンケート調査票への記入

　❶　学生のみなさんは，それぞれアンケート調査票に記入しましょう。自由記述欄は，後にクラス全体を分析する際のデータになりますから，ていねいに具体的に記入してください。各「指標」の点数もそれぞれ計算して記入しましょう。点数は，小数点以下第2位を四捨五入し第1位まで求めます。

　❷　書き終えたら，教科担当者に提出します。教科担当者は2部コピーをとります。

資料4－1　保育・教職実践演習「自己の分析」：標準的なアンケート調査票

質問項目	修得している程度（十分修得している ⇔ 今後の課題である）	評価点数（小数点以下第2位を四捨五入し第1位まで求める）
自己を分析する		
1．子どもへの尊敬と愛情のまなざし		合計点
①保育者としての使命感や責任感をもっていますか	5……4……3……2……1	
②子どもたちへの愛情をもち、子どもを信じて成長を願う、子どもから学ぼうとする謙虚な姿勢をもっていますか	5……4……3……2……1	
③子どもを育て、それによって自分も育てられる関係であることを理解していますか	5……4……3……2……1	÷4
④子どもとの関係がうまくいかない時は、子どもの姿をよく見たり、先輩の意見やアドバイスに耳を傾けることも必要であることを理解していますか	5……4……3……2……1	点数
自由記述：どのような点が自分の良い点で、どのような点が課題だと思いますか。そしてその課題に対してどのような行動計画を考えていますか		
2．多様性に関わろう専門性		合計点
①多様性を巡るさまざまな問題に関心を持っていますか	5……4……3……2……1	
②「違い」について正確に知るために、本を読んだり、当事者に直接話を聞くことが大切だと理解していますか	5……4……3……2……1	
③自分自身のものの見方・行動を見直す機会を大切にしていますか	5……4……3……2……1	
④マイノリティの生きづらさを知り、「自分事」としてとらえることを大切にしていますか	5……4……3……2……1	÷5
⑤どうすれば違いを大切にしながら一緒に生きていくことができるのかを考えようとする意欲を持っていますか	5……4……3……2……1	点数
自由記述：どのような点が自分の良い点で、どのような点が課題だと思いますか。そしてその課題に対してどのような行動計画を考えていますか		
3．保護者と子育てを共有する関係性		合計点
①現代社会における子育て領域の重要性を理解していますか	5……4……3……2……1	
②保護者とのコミュニケーションの重要性を理解していますか	5……4……3……2……1	
③保護者とのコミュニケーションの実践が身についていますか（傾聴、機会をとらえた情報発信や情報共有など）	5……4……3……2……1	
④他の専門機関に関する知識を理解していますか	5……4……3……2……1	÷5
⑤他の専門機関との連携の重要性を理解していますか	5……4……3……2……1	点数
自由記述：どのような点が自分の良い点で、どのような点が課題だと思いますか。そしてその課題に対してどのような行動計画を考えていますか		

４．子どもの権利と福祉を護る社会的意識
①子どもの権利について理解していますか 5……4……3……2……1
②子どもの権利を護る法律や法令を理解していますか 5……4……3……2……1
③子どもの権利を護るためには保護者支援が重要であることを理解していますか 5……4……3……2……1
④児童虐待や貧困など、子どもの権利が侵害される深刻な諸問題に対する保育者の役割を理解していますか 5……4……3……2……1

合計点 ÷4 点数

自由記述：どのような点が自分の良い点で、どのような課題だと思いますか。そしてその課題に対してどのような行動計画を考えていますか

５．子どもの力を伸ばす専門性と指導力
①子どもの心身の発達を理解していますか 5……4……3……2……1
②保育者自身の感性や表現力、人間性をみがく努力をしていますか 5……4……3……2……1
③子どもが関心をもつ教材づくり、表現力の向上やスキルの探求を心がけていますか 5……4……3……2……1
④教材を保育生活、遊びの中に取り入れようとする意欲や関心をもっていますか 5……4……3……2……1

合計点 ÷4 点数

自由記述：どのような点が自分の良い点で、どのような課題だと思いますか。そしてその課題に対してどのような行動計画を考えていますか

６．子どもを理解し、社会化へと導く専門性
①人間形成の基礎を培う乳幼児期の重要性を理解していますか 5……4……3……2……1
②乳幼児期における社会性や道徳性の発達について理解していますか 5……4……3……2……1
③子どもの行動だけではなく、むしろその奥にある子どもの思いを受けとめることができますか 5……4……3……2……1
④道徳性の芽生えを培う保育の重要な役割は、善悪の判断を下すことではなく、子どもの成長を温かく見守ること 5……4……3……2……1
⑤子どもを理解し、社会化へと導くためには、保護者や同僚との連携が大切であることを理解していますか 5……4……3……2……1

合計点 ÷5 点数

自由記述：どのような点が自分の良い点で、どのような課題だと思いますか。そしてその課題に対してどのような行動計画を考えていますか

原稿は学生に返し，一部は教員保存用として，一部はクラス分析用になります。

　教科担当者がコピーをとりに行っている間，学生のみなさんは，6つのグループに分かれましょう。

□ グループワークによるレーダーチャートの完成
　❶　教科担当者から個別にクラス分析用コピーをわたされたら，学生のみなさんはそれぞれ質問ごとに6つに切り離します。
　❷　それぞれの切り離した質問項目を，グループで質問ごとにまとめ，さらにクラス全体で，質問ごとにまとめます。
　❸　❷でまとめた質問シートを，質問を割り当てた各グループ（班）に割り当てます。つまり1班には質問1のクラス全員のシートが割り当てられます。2班には，質問2のクラス全員のシートが割り当てられます。
　❹　割り当てられた質問シートの点数のクラス平均を求めます。その時も小数点以下第2位を四捨五入して第1位まで求めます。
　❺　各グループの担当している指標ごとの平均点が出揃ったら，レーダーチャート（図4-1）（クモの巣グラフともいい，複数の項目の大小をひと目で比較することができます）に書き入れます。クラスの平均点は「黒」で書き入れ，自分の平均点は「赤」で書き入れます。
　レーダーチャートは，自分の学修の程度を視覚的にみることができます。同時に，同じ教室で学ぶ友人がどの程度学修していると感じているのか，それも視覚的にみることができます。その比較によって，以下のことが明らかになり，より客観的に自己を評価することができます。

> 自分の学修に対する自己評価の程度＝他の学修者より修得度が高い，または低い
> 自己の感じ方の程度＝自己評価が甘い，または厳しい

第4章　保育者としてのわたしの課題を明らかにする

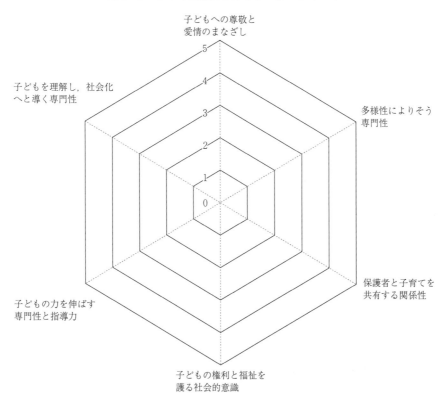

図4-1　6つの指標におけるレーダーチャート

2　行動計画を導く

　保育者をめざす同じクラスの学修者の自由記述の分析を通して、数字やレーダーチャートでは測ることのできない、個々の学修者の気持ちや思いを整理してみましょう。
　「あっ、私もこのように感じていた」「そうか、このように文章表現をすれば、自分の気持ちを的確に表すことができるんだ」など、友だちの気持ちや思いを整理することで、自分自身の思いに気づいたり、漠然とした気持ちを整理し文章化することができます。また、友だちの今後の行動計画を知ることで、「どのように課題を達成していくのか」「どのような行動計画をもてばよいのか」という具体的な行動計画にヒントを得たりすることができます。クラスで調査をすることの意味は、このような学び合いの機会を自分たちでつくることにあります。

▢ グループワークによる自由記述の分析方法
　❶　各グループ（班）のみなさんの手元には、先に行ったアンケート調査票のクラス全員の自由記述欄がありますね。グループで相談しながら、自由記述の内容を、プラス評価（自分が優れている、よいと思うなど）と、マイナス評価（弱いと感ずる、

今後の課題だと感じるなど）に分けてみましょう。プラス評価内容には黒のアンダーラインを引きます。マイナス評価内容とそれに基づいた行動計画には赤のアンダーラインを引きます。

❷　自由記述欄で黒のアンダーラインを引いたプラス評価部分を表（**資料4-2**）に書き入れながら整理していきます。

少しむずかしいので細く手順を説明します。

はじめに，文章を扱いやすい長さに切ります。そして切った文章を簡潔な文章に書き直します。たとえば，「私はミカンが好きだけど，バナナも好き」という文章は，「私はミカンが好き」と「私はバナナが好き」という2つの文章になります。次に，同じ意味の表現や言葉は同じカテゴリ（グループ）に含め，一つの簡潔な文章で表現します。たとえば，「ミカンが好き」「グレープフルーツが好き」「甘夏が好き」であれば，「柑橘系の果物が好き」というカテゴリ（グループ）に含めます。

では，練習として下記の枠内の例1と例2の文章のカテゴリ化してみましょう。丸カッコ内の人数は，そのカテゴリに含める人数を示しています。

例1：多様性の問題に疑問や関心をもっており，考えを深めようと思っている
　　　→カテゴリ：多様性の問題に疑問や関心をもっている（1人）
　　　→カテゴリ：多様性の問題を深く考えようとしている（1人）
例2：自分自身を見つめたり，人との違いを受け入れる姿勢がある
　　　自己を深め，それを人に伝えることができる
　　　自分の意見を率直に伝え，相手の意見を傾聴することができる。
　　　→カテゴリ：自分自身を深める（2人）
　　　→カテゴリ：人との違いを受け入れる姿勢がある（1人）
　　　→カテゴリ：自分の意見を伝えることができる（2人）
　　　→カテゴリ：傾聴することができる（1人）

---

❸　以上の分析結果を，自由記述分析報告書に整理すると，記入例（**資料4-3**の上半分）のように示されます。

第4章　保育者としてのわたしの課題を明らかにする

☐ マイナス評価を分析し，行動計画を整理する

❶　プラス評価の分析と同様の方法によって，マイナス評価を分析しましょう。プラス評価と異なる点としては，マイナス評価は，つまり，自分の学修に課題があると自己評価しているので，それに対する行動計画が書かれているはずです。

　では，まず，赤のアンダーラインで引いたマイナス評価の文章を，扱いやすい長さに整理します。次に，同じ意味の表現や言葉は同じカテゴリ（グループ）に含め，一つの簡潔な文章で表現します。「自由記述分析報告書」（資料4-2）に書き入れていきますが，縦の行には，課題カテゴリ（自分自身の弱い点や課題を，同じ内容ごとにグループ化したもの）の文章と，そのカテゴリに含める人数を入れます。横の列には課題カテゴリに対応した行動計画カテゴリ（どのようにして課題を達成したらよいのか，計画しているのか，について同じ内容ごとにグループ化したもの）の文章と，そのカテゴリに含める人数を入れます。

　次の例1と例2の文章を使って，練習してみましょう。丸カッコ内の人数は，そのカテゴリに含める人数を示しています。

例1：その問題を自分として置き換えることができていないので，身近な問題として深くかかわることが大切だと思う。また，職場の同僚や先輩に相談することも必要だと思う。
　　→課題カテゴリ：自分の問題として置き換えることができない（1人）
　　→行動計画：身近な問題として深くかかわる（1人），職場の保育者に相談する（1人）

例2：・多様性をあまり理解していないのでその人の話をじっくり聞いたり，本を読んだり，わからないことを調べたりする
　　・多様性について，あまりよくわからない。当事者の話を傾聴したり，わからないことをwebで調べる。
　　・多様性について知らないことが多い。いろいろ調べたい。
　　→課題カテゴリ：多様性についての理解が弱い（3人）
　　→行動計画：当事者の話を傾聴する（2人），本を読む（1人），わからないことを調べる（3人）

---

❷　上記の例を自由記述分析報告書に整理すると，記入例（資料4-3の下半分）のように示されます。

❸　各グループは，自由記述分析報告書を完成したら，教科担当者に提出します。教科担当者はクラス人数分を印刷し，学生に配布します。

❹　学生のみなさんの手元には，6指標におけるクラスの自由記述分析報告書が集まっているはずです。つまり，クラス全員で作成した6枚の報告書のことです。

❺　各グループのリーダーは，自分のグループがまとめた結果を，クラス全体に対して簡単に報告します。

資料 4 - 2　自由記述分析報告書

指標【 　　　　　　　　　　　　　　　　　　　】における自由記述　クラス分析報告書	
プラス評価のカテゴリと人数	
カテゴリ（人数）	カテゴリ（人数）
マイナス評価における課題と行動計画　カテゴリと人数	
課題カテゴリ（人数）	行動計画（人数）

第4章　保育者としてのわたしの課題を明らかにする

資料4-3　自由記述分析報告書（記入例）

指標【　　　　　　　　　　　　　　　　　　　　　　　】における自由記述　クラス分析報告書		
プラス評価のカテゴリと人数		
カテゴリ（人数）	カテゴリ（人数）	
多様性の問題に疑問や関心をもっている（3）		例
多様性の問題を深く考えようとしている（1）		
自分自身を深める（2）		
人との違いを受け入れる姿勢がある（1）		
自分の意見を伝えることができる（2）		
傾聴することができる（1）		
マイナス評価における課題と行動計画　カテゴリと人数		
課題カテゴリ（人数）	行動計画（人数）	
自分の問題として置き換えることができない（1）	身近な問題として深くかかわる（1），職場の保育者に相談する（1）	例
多様性についての理解が弱い（3）	当事者の話を傾聴する（2），本を読む（1），わからないことを調べる（3）	

［コラム6］

NPO活動と保育士：地域の場づくりにかかわる

　人間は，生まれた瞬間からさまざまな人たちとかかわりをもって生きる生き物です。はじめは母親や身近な家族から，少しずつ家族以外の人たちとのかかわりも深めて，自分の生きる世界を豊かに築いていきます。

■ 分断化された生活空間

　今日私たちは本当に「さまざまな人たち」とかかわりながら生きているでしょうか。ここで「さまざまな人たち」というときに，自分とは異なる生き方を生きる人たちを思い浮かべていただきたいと思います。異文化をベースとする人，異なる信仰をもつ人，身体的・精神的な障害をもつ人など，自分の身近な生活空間でともに過ごしているでしょうか。

　とりわけ子どもの生活空間という視点から，「さまざまな人たち」とのかかわりをとらえるとき，そこには分断化という問題があるように見えます。乳幼児期の子どもは，主に家庭や保育所，幼稚園といった場所で過ごします。学齢期の子どもは学校，大人は家庭や職場，高齢者は家庭や介護施設が主な生活空間になるでしょう。

　乳幼児期の子どもから大人，高齢者に至るまで，私たちは実に年齢や発達によって日常的な生活空間が分けられているのです。障害のある子どもや大人の多くは，さらに療育的な施設や作業所など特殊な生活空間で過ごすことになります。このような分断

的な生活空間において，「さまざまな人たち」との関係性は限られた狭いものになっています。その結果，自分とは異なる人や生き方を受け入れる私たちの心も狭くなっているように思われます。

　私自身は，障害のある娘とともに生活するようになってから，この分断的な生活空間に初めて気づかされました。医療的ケアが必要だった娘にとっては，ケアや介助が行われる場所（療育施設や特別支援学校など）が主な生活空間になります。そこには，同じように障害のある子どもたちや保護者，療育の専門家がいます。逆にいえば，障害のない子どもや，ケア・介助の役割を担わない大人はそこにいません。

■ 地域の場づくりと保育士の役割

　障害のある子どもも，障害のない子どもも，どこかで日常的に出会う場所があったら。そのような思いで始めたのが，地域の保育所の中での場づくりでした。現在私が勤めているこひつじ保育園の協力のもと，始めは障害のある子どもが訪れることを想定していましたが，そのうちに縁があって認知症の高齢者や若年性認知症の人なども，このような場所を必要とされて訪れるようになっています。

　場づくりを進めていくうちに，私たちの活動がさらに社会的な信頼を得るためにもNPO法人化することになりました。スタ

ッフはみな，無償のボランティアで，地域の人たちの参加や協力も少しずつ得られるようになってきています。

　保育所内の「にじのお部屋」と呼ばれる部屋が，園児と，障害のある子どもや地域の高齢者が日常的にかかわるベースになります。ここが，まずは子どもの生活空間であることを念頭に置いて交流の場を作っていきます。このような場づくりにおいて，保育士としての目線は非常に重要です。子どもたちが安心して過ごせる室内の環境，子どもの年齢や発達に応じた遊びや玩具の提供，子どもが日常的に信頼している大人の存在など，子どもにとっての安全と安心が保たれる生活空間を作る上で保育士の専門性は必要不可欠といえるでしょう。

　子どもは，自分にとって安心できる環境の中で，初めてさまざまな人たちとのかかわりを喜び，楽しむことができます。そうして自分とは異なる人，文化，生き方を受け入れる心を少しずつ育んでいけるのです。

　私が保育士の資格を取得したのは，34歳のときでした。社会人になって，家族をも

ってからの勉強と資格取得の過程は決して楽なものではありませんでしたが，実りも大きいことを今実感しています。保育士の仕事には，子どもの世界，私たちの世界をより豊かなものにできる可能性がいく通りもあるからです。社会人の人々にも，ぜひチャレンジしていただいて，これまでの経験を保育の場で活かしながら，子どもの世界をともに広げていけることを願っています。

（西村直子）

🎵この本をすいせんします🎵

大橋謙策編著（2014）ケアとコミュニティ
——福祉・地域・まちづくり．ミネルヴァ書房．

　—— この本は，人間が互いに「ケアする」「ケアされる」関係性の中でこそ，よりよく生きていけることを示唆するものです。子ども，高齢者，障害者など，さまざまな人たちの日常生活を地域社会の中で包摂する考え方や実践例を学ぶことができます。

3 わたしの課題を文章化する

☐ 文章化をすることの意味

これまでみなさんはさまざまな文章を書いてきたと思います。たとえば，小学生や中学生の頃に宿題として出された読書感想文や，高校生や大学・短大生でのレポート課題などが印象に残っているのではないでしょうか。

それでは，なぜ文章を書く必要があるのでしょう。もし，必要がないのであれば，学校教育の中で文章作成の指導はなく，課題としても設定されることはなかったはずです。そこで，文章を作成することの意味について，改めて考えてみたいと思います。

☐ 代表的な表現方法

私たちが自分自身の意思を表現する方法にはさまざまなものがありますが，ここでは大きく次の3つに分けてとらえてみましょう。それは，「身振り手振り（身体表現）」，「話すこと（言語表現〈音声〉）」，「書くこと（文章表現）」です。この3つには，それぞれに特徴があります。

まず，「身振り手振り」ですが，感情表現に適しているので，会話と併用すれば効果的な意思疎通が図れます。そのため，俳優などには演技のスキルとして，高い水準の身振り手振りが求められます。ただ，身振り手振りだけでは十分に伝わらない・理解できないことも多々あります。たとえば，心の機微や抽象的な概念を伝えるといった高度な意思疎通には適していません。身振り手振りだけでの意思疎通の難しさは，ジェスチャー・ゲームを経験するとよく理解できます。

次に，「話すこと」ですが，私たちの生活を支える基本的な活動であり，普段から会話として楽しんでいます。そのため，「今日は一言も話さなかった」ということはほとんどないのではないでしょうか。話すことによって自分自身の考えを自由に表現することができますから，友人同士のおしゃべりは特に楽しく感じます。しかし，話をしているうちに内容の辻褄が合わなくなることもあります。話をしているうちに論点がずれていき，気がつくとまったく違うことを話していたという経験もあるのではないでしょうか。理路整然と話すことは想像以上に難しく，事前にかなりの準備が必要となります。基本的には，録音でもしない限りその場で消えてしまう表現方法ですから，一つひとつの内容をていねいに確認したい場合には適さないといえます。

それでは，「書くこと」にはどのような特徴があるのでしょうか。基本的に

第4章　保育者としてのわたしの課題を明らかにする

は，文章表現の作法に従う必要があるため堅苦しさが伴います。たとえば，原稿用紙の使い方を守ることや，句読点や段落を設定することに注意を払わなければなりません。また，普段の会話では使用しないような語句での表現や，正しい漢字の使用を心がける必要があります。加えて，文章を作成するには時間がかかります。文章表現では，特に論理的な構成が重視されます。誰が読んでも理解できる文章にするためには，何度も推敲を重ね，論理構成に矛盾がないように努力をしなければなりません。そのため，簡単でもなければ，手軽でもありません。

　そのためか，「書くこと」を苦手だと感じる人が多いと思います。それでは，文章表現には苦労する点ばかりで，利点はないのでしょうか。もちろん，手間がかかるだけの大きな利点があります。最大の利点は，自分自身の考えを整理整頓することができ，より深く物事をとらえることができるようになる，ということです。

❏ 文章表現の利点

　私たちは日々の生活の中で，自分自身が感じていることや考えていることを何気なくとらえています。そのためか，意外にも内容について正確に理解できていないことがあります。つまり，自分自身の思考は曖昧な状態になっていることが多いのです。それを明確にし，正確に把握できるようにするのが文章化です。

　社会人には物事を正確にとらえる力が求められます。そして，自分自身の状態についても正確にとらえることが不可欠となります。なぜならば，現状の把握ができなければ，改善することができないからです。

　みなさんが社会人として巣立つための第一歩として，文章化することを通して自己理解を深めることが非常に大切なのです。そのため，本書では最終課題として，自分自身について文章化することを求めています。

　自分自身の課題を文章化することで，現状を正確に把握することができます。そして，理想とする保育者像に近づくためには，どのような行動が必要なのかを考えることができるようになります。つまり，最終課題の取り組み自体が，卒業後の指針を設計することになるのです。

　それでは，文章化の課題に取り組む前に，人生の指針を設計することの重要性について確認しておきたいと思います。

❏ わたしの今後の指針をつくる（保育・教職実践演習の総まとめ）

　私たちの人生は，人によって大きく異なり，その様相は千差万別です。みなさんの中にも，今まで大きな問題もなく順調に進んできた人もいれば，さまざまなことでうまくいかず，悩みを抱えながらすごしてきたという人もいるでし

173

ょう。

　ただ，これまでの人生がどのような状態であったのか，また，現状がどうであるのかにかかわらず，みなさんは今，大きな節目を迎えようとしています。そして，この節目から先の人生は，今までとは状況が大きく異なるのです。なぜならば，学校教育の期間が終わり，いよいよ社会人として歩まなければならないからです。ここから先は，すべてにおいて自分自身で決定していかなくてはならないのです。

　これまでは，みなさんは「児童・生徒・学生」という立場によって守られてきました。今後は，護られる立場ではなく，子どもを守る大人として生活しなければならないのです。そして，社会人として生きることの厳しさは，自己責任を求められることにあります。自分の人生に対して，他人に責任を転嫁することができないのです。

　それでは，このような人生の大きな節目を迎えるにあたって，準備をしておかなければならないことは何なのでしょうか。それが，今後の人生の指針を設計しておくということなのです。

◻ 指針を設定する理由

　私たちの祖先は，日々をよりよく生きるために，さまざまな工夫を重ねてきました。たとえば，一年間を二十四や七十二の節目に分け，それぞれの季節の特徴を把握しました。そうすることで，その時々に応じた行動を迷いなくすることができたのです。今も昔も私たち人間は，先が見えないことに対して大きな不安を感じます。そこで先人たちは，その不安を払拭するために一年を数多くの節目に分け，それぞれの節目ごとにどのように行動すればよいのかを考えておいたのです。

　到達すべき目標が設定されており，そのための行動計画が示されている時，私たちは自分たちのもつ力を最大限に生かすことができるのです。本書が最終課題として求めることは，まさしく今後の行動を決定するための目標を設定するということです。そして，目標を達成するまでの道のりを示したものが指針なのです。指針があれば，仮に途中で迷ったとしても，自分自身が進むべき方向性を見失わずに歩みを続けることが可能になります。

　では，指針を設定する際に重要なことは何でしょうか。それは，現在の自分自身の位置を正確に把握することです。自分自身の現状と到達目標を比較検討することで，具体的な行動計画を立案できるのです。地図があったとしても，現在位置が把握できなければ役に立たないのと同じです。それほど現在の状態を知ることは大切なのです。

　それでは最後に，今後の目標と行動計画を設定するための流れを，本書の章立てをもとに考えたいと思います。

□ 目標と行動計画の設定

　本書の第1章では，これまでに学んできた保育・教職に関する科目の内容について大きくとらえ直しました。保育士養成課程・教職課程において重視されている科目での学修内容をふり返ることで，現時点で自分自身が身につけている専門性が，どの程度であるのかについて理解できたと思います。つまり，第1章を通した学びによって，理想とする保育者像に近づくための道のりの，どの辺りに自分自身が位置するのかを把握することができたのです。

　次に，第2章では，現場で働く保育者が向きあわなければならない現代的な課題について学修しました。今の日本社会が抱えている社会問題が，どのように子どもたちに影響しているのか，また，保育者がどのようにかかわるべきなのかを考えることができました。さらに，第3章では，私たちがめざすべき保育者に求められる専門性について，大きく7つの視点から具体的に考察しました。この第2章と第3章の学びを通して，めざすべき保育者像がより明確になり，到達目標を具現化する手がかりを得ることができたのです。

　そして，第4章第1節では，自己評価をもとに自分自身の課題点の明確化に取り組みました。この作業を通して，理想とする保育者像に近づくためには何が必要なのか，どのような行動をすべきなのかを考えることができたと思います。つまり，それが今後の具体的な行動計画となるのです。

　したがって，本書の第4章第1節までの学びを振り返り，改めて文章化することによって，おのずと到達目標と行動計画が設定されるようになっているのです。そして，最終的に作り上げた文章全体が，みなさんの進むべき方向を示す指針として機能することになるのです。それでは，保育・教職実践演習の総まとめである最終課題に挑戦しましょう。

演習課題 6 ♪

自己の課題を明らかにし文章化しよう

　演習課題5のアンケート調査票の自由記述欄において，「到達目標」の6つの指標から自己の課題についてまとめることができたと思います。

　最終課題である演習課題6では，総合的に自分自身をとらえ直し，集大成としての文章を作成します。文章を作成する前段階として，①「現時点における自分自身の課題」と，②「自分自身の課題を乗り越えるために必要な行動」について，箇条書きで表してみましょう。その箇条書きをもとにして，文章を構成すると論旨が明快になります。

　では，最終課題となります。保育・教職実践演習の総まとめでもありますので，これまでの学修成果を十分に活かしましょう。

---

① 現時点における自分自身の課題

---

② 自分自身の課題を乗り越えるために必要な行動

第4章　保育者としてのわたしの課題を明らかにする

①と②をもとに，自己の課題を明らかにして文章化しましょう。

資　料

指導計画(0歳児例)　　　責任実習(全日 ・ 半日 ・ ㊀部分)

　　　　　　　　　　　　　　　　　　　　　　　　実習生名 ＿＿＿＿＿＿＿

○○ 年 ○ 月 ○ 日 ○ 曜日		場所	ひよこぐみ保育室
実習クラス	（0）歳児（ひよこ）組　男児（3）名　女児（3）名　計（6）名		
主な活動	・ふれあいあそび「だるまさん」をする。 ・絵本「あっぷっぷ」を見る。		
子どもの姿	・保育者との信頼関係もでき、スキンシップを図りながらのかかわりを楽しんでいる。 ・保育者の呼びかけにも喃語で応答するなど、やりとりを喜んでいる。		
ねらい	・保育者とゆったりとふれあい、情緒の安定を図る。 ・繰り返しの多い絵本を通して、保育者とのやりとりを楽しむ。		
準備物	・「あっぷっぷ」の絵本（1冊）		

時間	環境構成	予想される子どもの活動	実習生の援助・配慮
10：00	○子どもの反応や表情が見えるように図のように座る。 （保育者・子ども・実習生の配置図） ※㋩は保育者 　㋰は実習生 　㋢は子ども	○触れ合いあそび「だるまさん」をする。 ・保育者の膝の上に乗る ・保育者に頬を軽くつついてもらう。 ・保育者の頬を触る。	○膝の上でいろいろな触れ合いをしながらスキンシップを図り、情緒が安定できるようにする。 ○子どもの表情に応えられるように、向かい合って膝の上に乗せる。 ○伝い歩きなどに夢中になり、向かい合って座ることが難しい子どもには、無理強いすることなく近くに寄り添いスキンシップをする。 ○気分が優れず泣き出す子どもには、優しく抱きしめるなど、気持ちが落ち着くようにかかわる。 ○子どもの頬を軽くつついたり、子どもの両手を保育者の膨らませた頬に当てたりして、スキンシップを楽しめるようにする。 ○子どもの表情から、して欲しいことや甘えたい思いを受け止め、情緒の安定を図るようにする。
10：05 10：10	○子どもたちの見やすい位置に座り、反応を見ながら読むようにする。 （保育者・子ども・実習生の配置図）	○絵本「あっぷっぷ」を見る。 ・保育者の膝に座ったり、寄り添ったりして絵本を見る。	○絵本は、子どもたちが興味を持つような、繰り返しのある簡単な内容のものを選ぶ。 ○子どもを膝の上に座らせた状態で絵本を読み、スキンシップをさらに深めるようにする。 ○伝い歩きで歩き回って絵本を見ない子どもには、無理強いすることなく、近くに寄り添って、「あっぷっぷ、面白い顔しているね。○○ちゃんも一緒にやってみようか。」などと言葉をかけ、興味、関心が絵本に向くようにする。

資 料

指導計画（1歳児例）　　　責任実習（全日 ・ 半日 ・ ⑳部分）

実習生名 ＿＿＿＿＿＿＿＿

○○　年　○　月　○　日　○　曜日	場所	りすぐみ保育室

実習クラス	（1）歳児（りす）組　　男児（6）名　　女児（6）名　計（12）名
主な活動	・手遊び「パンダ　うさぎ　コアラ」をする。 ・絵本「あなたはだあれ」を見る。
子どもの姿	・繰り返しのある内容の絵本を楽しむようになってきている。 ・手遊びや簡単な体操など、リズムや動きのある遊びを喜んでいる。
ねらい	・動物に興味を持ち、イメージしながら手遊びを楽しむ。 ・保育者との言葉のやりとりを通して、絵本に興味、関心を持つ。
準備物	・「あなたはだあれ」の絵本（1冊）

時間	環境構成	予想される子どもの活動	実習生の援助・配慮
10：00	○下図のように座り、子どもの反応や表情が見えるようにする。 　　　㊊ 　㊦㊦㊦㊦ 　㊦㊦㊦㊦ 　㊱㊦㊦㊦ ※㊱は保育者 　㊊は実習生 　㊦は子ども	○手遊び「パンダ・うさぎ・コアラ」をする。	○動物の特徴を大きく表現したり、子どもに合わせたテンポで歌ったりして、動物をイメージしながら、手遊びが楽しめるようにする。 ○慣れてきたら、テンポを速くしたり、遅くしたりして手遊びが楽しめるようにする。 ○気持ちが切り替えられず室内を歩き回る子どもには、無理に遊びを強要することなく、「○○ちゃんはパンダさんに変身できるかな。」などと言葉をかけ、興味が持てるようにする。 ○保育者の膝に座ろうとする子どもには、甘えたい気持ちを受け止めながら、他の子どもたちにも目を配るように心掛ける。
10：10 10：20	○絵本を読む場所は手遊びの場所と同様だが、動き回って移動している子どももいると思われるので、全員が絵本の見える場所に座っているか確認する。	○絵本「あなたはだあれ」を見る。	○子どもたちが、興味を持てるように、繰り返しのある絵本を選ぶようにする。 ○子どもたちの発言を受け止めたり、「次は誰かな？」などと次への期待が持てる言葉をかけたりして、絵本に興味、関心が持てるように進めていく。 ○気持ちが切り替えられずいる子どもには、無理強いせず、「○○ちゃん、見ててね。さあ、誰が出てくるかな？」などと言葉をかけ、絵本に興味が持てるようにする。

指導計画（2歳児例）　　　責任実習（全日 ・ 半日 ・ ㊙部分）

実習生名　　　　　　　

○○　年　○　月　○　日　○　曜日	場所	うさぎぐみ保育室

実習クラス	（2）歳児（うさぎ）組　男児（8）名　女児（8）名　計（16）名
主な活動	・先生や友だちと一緒に、「ぞうさんのくものす」をする。
子どもの姿	・保育者や友達と一緒に遊ぶことを楽しむ姿が見られる。 ・運動会を機会に、お面を被ることに興味を持っている。
ねらい	・先生や友だちと一緒に歌遊びを楽しむ。 ・ぞうになりきって遊ぶ楽しさを味わう。
準備物	・ぞうのお面（16個＋保育者分）

時間	環境構成	予想される子どもの活動	実習生の援助・配慮
10：00 10：05 10：20	○子どもたちがスムーズに座れるように、円径に椅子を並べておく。 ※㊙は実習生 　㊙は子ども	○椅子に座り、手遊び「むすんでひらいて」をする。 ○ぞうのお面を見る。 ○お面を被った保育者の「ぞう」の動きを見る。 ○保育者に誘ってもらい、ぞうのお面を被って、保育者と一緒に歩いたり、ひっくり返ったりする。	○全員が興味を持って集まるように興味のある手遊びをする。 ○ぞうのお面を見せて、「これ誰かな？」などと聞き、ぞうに興味が持てるようにする。 ○ぞうのお面を被り、「ぞうさんのくものす」を歌いながら片手で鼻を表現し、ぞうになりきって子どもたちの周りを歩き、ぞうになりたい気持ちを高めていく。 ○ぞうになりたい気持ちを確認し、「みんなもぞうに変身しよう。」などと誘い、楽しい気持ちを共感できるようにする。 ○ぞうのお面は、被ることが楽しみに待てるように、最後の歌詞の「もう一人おいでと呼びました。」の時に子どもに被せるようにする。 ○早くぞうになりたいと要求することも考えられるので、その場合は「もう、二人おいでと呼びました。」などと、人数を変えたりして、臨機応変に対応する。 ○最後の糸が切れる場面は、大げさに倒れ、子どもたちも保育者や友だちと一緒に表現することを楽しめるようにする。 ○何回か繰り返し、呼ぶ順番を変えたりして、全員が楽しめるようにする。

指導計画（3歳児例）　　責任実習（全日 ・ 半日 ・ (部分)）

実習生名 _____

○○　年　○　月　○　日　○　曜日	場所	さくらぐみ保育室

実習クラス	（3）歳児（さくら）組　　男児（10）名　　女児（10）名　　計（20）名
主な活動	・手作り楽器を作ったり、音楽に合わせて鳴らしたりする。
子どもの姿	・歌を歌いながら、カスタネットや鈴などの楽器を鳴らして遊ぶ姿が見られる。 ・友だちと一緒に遊ぶことを楽しむようになってきている。
ねらい	・色々なシールを貼り、手作り楽器を作ることを楽しむ。 ・友たちと一緒に曲に合わせて手作り楽器を鳴らすことを楽しむ。
準備物	乳酸飲料の空容器にビーズを入れ2個つなげたもの（人数分）、ビニールテープ（赤、青、黄、桃、緑、各色を2センチぐらいに切ったもの15枚×人数分）、色々な形のシール（5枚×人数分）、「おもちゃのチャチャチャ」のCD、幼児の興味のある曲のCD、CDデッキ

時間	環境構成	予想される幼児の活動	実習生の援助・配慮
10：00	○幼児が排泄や手洗いを済ませ、自分のグループにすぐに座れるように、図のように予め机や椅子を出しておく。 	○排泄や手洗いをする。 ○自分のグループに座る。 ○保育者や友だちと一緒に「おもちゃのチャチャチャ」の歌を歌う。	○手洗いで遊んでしまう幼児が見られる場合は、「今から楽しいことをして遊ぶよ。」などと言葉をかけ、気持ちが活動に向くようにする。 ○排泄や手洗いで集合に個人差が出るので、待っている幼児が退屈せずに待てるように、「おもちゃのチャチャチャ」の音楽を流しておく。 ○全員が座ったら、「この歌、知っているかな。」などと問いかけ、歌に興味や関心が持てるようにする。 ○歌を楽しめるように、「チャチャチャ」の部分は手を叩いたり、歌詞に振りを付けたりする。
10：10	○予め作っておいた楽器を子どもの見えない場所に置いておき、歌が始まったら取り出せるようにしておく。 ○作りたい気持ちを持って活動に移れるように、話を済ませたらタイミング良く、一人ずつに配っていくようにする。	○保育者の手作り楽器を鳴らしながら「おもちゃのチャチャチャ」の歌を歌う様子を見る。 ・手作り楽器を見たり、音を聞いたりする。 ・手作り楽器の作り方の話を聞く。 ○手作り楽器を作る。 ・保育者に手作り楽器や楽器に貼るシールを配ってもらう。	○手作り楽器に興味が持てるように、保育者が歌に合わせて鳴らして見せる。 ○手作り楽器の音を幼児が聞けるように鳴らしてみせ、作ってみたい気持ちが持てるようにする。 ○作ることに抵抗を持つ幼児もいるので、実物を使って簡単に作れることを説明し、どの幼児も「作ってみたい」という気持ちが持てるようにする。

	環境構成	予想される幼児の活動	保育者の援助
	○あらかじめ各机に必要なシールを容器に分けておき、すぐに配れるようにする。 （各色のビニールテープ15枚×人数分、色々な形のシール5枚×人数分）	・手作り楽器にシールを貼る。	○テープを使うことに慣れていないため、あらかじめビーズ等を入れテープで止めた完成品を準備し、そこにテープやシールを貼ることを楽しんだり、自分で作った満足感を持てるようにする。 ○シールを工夫して貼っている姿を受け止め、「きれいに貼れたね。」等と言葉をかけ、満足感を味わえるようにする。
	○幼児がすすんで片付けられるように、片付ける容器をよくわかる場所に置いておく。	・使ったシールを片付ける。 ・手作り楽器を鳴らす。	○早く作れた幼児には、片づけの後に鳴らすように伝え、片づけの習慣を身に付けていくようにする。 ○最初は音を出すことを楽しむと思われるので、「きれいな音が鳴っているね。」等と言葉をかけ、音を出すことを十分楽しめるようにする。
	○「おもちゃのチャチャチャ」の曲が聞き取りやすい場所にデッキを置く。	○手作り楽器を「おもちゃのチャチャチャ」に合わせて鳴らす。	○全員が音を楽しめたら、音楽をかけ、曲に合わせて鳴らすことを自由に楽しめるようにする。 ○全員が作り終え、自由に鳴らすことを楽しめた様子を確認できたら、全員で一緒に鳴らすことが楽しめるように、「みんなで一緒に歌に合わせて鳴らしてみましょう。」と言葉をかけ、全員で鳴らす楽しさを味わえるようにする。 ○保育者も楽しく表現する姿を幼児に見せ、手作り楽器を鳴らすことの楽しさを伝えていく。
10：30	○「おもちゃのチャチャチャ」以外に幼児の親しみのある曲があればそのCDもタイミングよくかけられるように準備をしておく。	○手作り楽器を別の曲に合わせて鳴らす。 ○手作り楽器をロッカーに片付ける。	○幼児の興味に合わせて、繰り返し曲を流すようにしたり、時間があれば別の曲に変えるようにしたりして、手作り楽器を十分楽しめるようにする。 ○しばらくは、手作り楽器に興味を持って遊ぶことが考えられるので、自分のロッカーに片付けて、いつでも遊べるようにする。

資料

指導計画（4歳児例）　　責任実習（全日・半日・⦿部分）

実習生名 _____

○○ 年 ○ 月 ○ 日 ○ 曜日	場所	ばらぐみ保育室
実習クラス	（4）歳児（ばら）組　男児（12）名　女児（12）名　計（24）名		
主な活動	・椅子取りゲームをする。		
子どもの姿	・友だちと一緒に簡単なルールを守って遊ぶ姿が見られる。 ・運動会を経験し、友だちを応援する姿が見られるようになってきている。		
ねらい	・音楽をよく聞きながら歩いたり、素早く座ったりして、簡単なルールのあるゲームを楽しむ。		
準備物	椅子（24脚）		

時間	環境構成	予想される子どもの活動	実習生の援助・配慮
10：00 10：10 10：30	○保育者の説明が聞きやすいように、最初は前向きに椅子を置く。 ※○は幼児 　□は座れなかった幼児	○手遊び「おはなし」をする。 ○椅子取りゲームをする。 ・保育者の話を聞く。 ・保育者の歌声に合わせて、保育者と一緒に歩いたり、椅子に座ったりする。 ・ピアノの音に合わせて歩く。 ・ピアノの音が止んだら、空いている椅子に素早く座る。 ・座れなかったら「□（環境構成図）」に座り、友だちを応援する。 ・最後まで残った友だちに対して拍手をする。 ○椅子を片付ける。	○次の活動に気持ちが切り替えられるように、最初に手遊びをする。 ○初めてのゲームであるため、具体的に説明し幼児がイメージできるようにする。 ○最初は保育者の歌声に合わせて歩いたり、座ったりして、ゲームに興味が持てるようにする。 ○ゲームに抵抗なく取り組めるように、幼児の様子に合わせて、ピアノを弾くことに切り替えていく。 ○幼児が楽しめるように、慣れるまでは椅子を減らさずに行うようにする。また、ルールに慣れてきたら、椅子を減らしていくようにする。 ○椅子に座れなかった幼児には残念な思いを受け止め、他の園児を応援したり、椅子を減らす役を与えたりして、最後まで楽しくゲームに参加できるようにする。 ○先に座ったなどというトラブルが起きた場合は、全員で考える機会を作り、お互いに納得がいくように解決する。 ○最後まで残った幼児を認めたり、他の幼児に対して最後まで頑張ったことを認めたりして、全員が満足感を持って終われるようにする。

指導計画（5歳児例）

責任実習（全日 ・ 半日 ・ ㊙部分）

実習生名

○○ 年 ○ 月 ○ 日 ○ 曜日	場所	ゆりぐみ保育室
実習クラス	（5）歳児（ゆり）組　男児（15）名　女児（15）名　計（30）名		
主な活動	・手遊び「やきいもグーチーパー」をする。 ・ジャンケン遊び「貨物列車」をする。		
子どもの姿	・ジャンケンの勝ち負けを理解して、順番を決める時などにジャンケンを使っている姿が見られる。 ・いつも一緒に遊ぶ友だちが固定化されていて、他の幼児が入れないことがある。		
ねらい	・ジャンケンを理解して、クラスの友だちと関わることを楽しむ。 ・ルールについて友だちと考えたり、ルールを守って遊ぶ楽しさを味わったりする。		
準備物	ピアノ又はCDデッキ（貨物列車のCD曲）		

時間	環境構成	予想される子どもの活動	実習生の援助・配慮
10：00	○保育者の説明が聞きやすいように、下図のように座る。 ※○は幼児	○手遊び「やきいもグーチーパー」をする。 ・焼き芋を食べる動作を表現する。 ・保育者とジャンケンをする。 ・隣の友だちとジャンケンをする。 ・足でジャンケンをする。	○焼き芋がイメージできるように話し、焼き芋を食べる動作を幼児とともに表現し、手遊びの楽しさを伝えていく。 ○歌の最後に「ジャンケンポン」と掛け声をかけ、保育者や隣の幼児とジャンケン遊びを楽しめるようにする。慣れてきたら、足でのジャンケンも取り入れ、ジャンケンに興味を持てるようにする。
10：15	○始める前に、保育室に障害になるものがないか確認し、広さを十分に確保する。	○ジャンケン遊び「貨物列車」をする。 ・保育者の話を聞く。 ・歌を歌いながら、両腕を回しながら貨物列車になって、保育室を歩き回る。	○貨物列車についてイメージが湧くように話をする。また、保育者が歌を歌いながら貨物列車になって動いて見せ、貨物列車になることに興味が持てるようにする。 ○貨物列車に対して幼児が興味を持ってきたら、「みんなも貨物列車に変身しましょう。」などと言葉をかけ、自分で表現することを十分に楽しめるようにする。 ○幼児の様子を見て、慣れてきたらジャンケン遊びに移るようにする。

資 料

		・最後の歌詞「ガッシャン」のところで、近くにいる友だちと手を合わせる。	○手を合わせる幼児が見つからない場合は、「○○ちゃん、こちらに△△ちゃんがいるよ。」などと言葉をかけ、スムーズに相手が見つかるようにする。
		・手合わせした友だちとジャンケンをする。	○慣れるまでは、「負けた人は勝った人の肩を持ちましょう。」と具体的に言葉をかけ、ルールを守って遊べるようにする。
		・勝ったら先頭になり、負けたら勝った友だちの肩を持って2人組になる。	○混乱しないように、2人組に慣れたのを確認してから、音楽を流すようにする。
		・2人組の先頭が運転手になって歩き、最後の歌詞の「ガッシャン」で相手を探し、ジャンケンをする。	○ジャンケンの後出しをする幼児には、「どうすればいいかな。」などと言葉をかけ、なるべく幼児同士で解決できるようにする。
		・4人組、8人組と同じ動作を繰り返す。	○人数が増え、列が長くなることを喜ぶ姿が見られると思われるので、「長い貨物列車になってきたね。」などと共感し、遊びの楽しさを味わえるようにする。
			○運転手が少なくなってきたら、「○○ちゃん号と△△ちゃん号と・・です。さあ、どの列車が残るでしょうか？」などと運転手を意識できるような言葉をかけ、遊びの楽しさが共有できるようにする。
		・長い列になって、歌いながら歩く。	○長い貨物列車ができたことを認め、遊びの楽しさを味わえるようにする。
10：45	○最後は円を作るように運転手を誘導し、その場に座って保育者の話しが聞けるようにする。 ※○は幼児 	○円になって座り、保育者の話を聞く	○またやってみたいという幼児の思いを受け止め、時間があれば繰り返したり、次の機会に行うことへの楽しみを持ったりして満足感を持って終えるようにする。

おわりに

　本書における一連の演習を通して，学びのふり返りと自己課題の明確化に取り組んできたみなさんは，改めて，現代社会において「求められる保育者」になるためには，いかに幅広く多様な資質能力，知識・技能が必要であるかということを思い知らされたことでしょう。みなさんの中には，保育者として期待されている資質能力の高さに照らして，自分自身の学びの不十分さばかりが思い知らされ，現場に出ることへの不安を強く感じた人もいるかもしれません。

　でも，心配には及びません。もとより，教育・保育専門職としての資質能力は，養成段階のみならず，職場における保育者としてのキャリアを通じて，生涯にわたって形成されてゆくものだからです。

　また，人にはそれぞれの持ち味というものがあります。容易に得意分野にできることもあれば，かなりの努力を積んでも，なかなか苦手を克服できない分野もあるでしょう。だからこそ，自分自身の得意分野を他者のために活かすと同時に，多様な持ち味や得意分野をもつ他者と協力して働くことのできる協働性が求められてくるのです。

　保育者に求められる資質能力，知識・技能は，ますます多様化・高度化してきています。すべてを一人で担おうとするのではなく，職場においては，それぞれの得意分野を活かしつつ，協働体制で職務に当たる姿勢をもつことが重要です。そのためにも，本書の最終課題でまとめた行動指針をコンパスとして，自分の不足分野を補う努力と同時に，得意分野を伸ばす努力を怠らないことが大切です。

　そのように考えてくると，みなさんは，本書を通して，今後の自らの成長指針を得ると同時に，もうひとつ大切なことを学んできたのではないかと思われます。それは，成長のためのシステムともいうべきもので，次にあげる3つのポイントからなっています。

　一つめのポイントは，本書での学びのふり返り作業や，最終課題での作業を通して，自分自身の学びや気づき，思いや考えを整理し，ふり返るための一つの手段として，文章化が有効だということです。慌ただしい毎日の中で，「ふり返り」の時間をもつことが難しいこともあるでしょう。それでも，日々の保育について，「やりっぱなし」にせず，記録をとること，気づきや考察，反省を綴ることを続ける中で，子ども理解が深まったり，保育を反省できたり，明日への希望をもてたりすることもあるのではないかと思います。みなさんには，無理なく続けられる「ふり返り」の習慣を，ぜひもっていただきたいと思います。

　二つめのポイントは，他者との協働のためには，互いの持ち味を出し合い，認め合う対話が必要だということです。このことについては，これまでのみなさんのさまざまな経験を通しても実感されたことだとは思いますが，本書でのグループワークを通しても，改め

て確認できたのではないでしょうか。

　三つめのポイントは，自分自身の現状を冷静に見つめると同時に，自分がめざす目標を確認するところから，成長への第一歩が踏み出せるのだということです。自分自身の現状に打ちひしがれ，起き上がる力も出ない日があるかもしれません。そんな状態から立ち上がり，最初の一歩を踏み出すための思考法として，身につけてほしいものです。

　みなさんが，日々，成長・発達していく子どもの力に目を見張り，その可能性を信じるように，みなさん自身の内にある伸びていく力を信じ，大切にしてください。保育者は，かけがえのない乳幼児期を過ごす子どもたちに日々よりそい，その成長を支えるだけでなく，そのことを通して未来の社会形成にもかかわっています。そのような大きな使命をもつ専門職である保育者になることを志し，ここまで学びを積み重ねてきたみなさんの努力に対して，著者一同，その健闘を称え，今後の成長と活躍を期待しています。

　そして，キャリア形成の出発点に間もなく立とうとしているみなさんにとって，「学びの軌跡の集大成」としてのここでの学修成果が，生涯にわたる資質能力形成の礎となることを願ってやみません。

編者一同

執筆者紹介 （所属：分担，執筆順，＊は編著者）

＊寺田　恭子（編著者紹介参照：はじめに（共著），第1章3節-4，演習課題2，第4章2節，演習課題5，おわりに（共著））

＊榊原　志保（編著者紹介参照：はじめに（共著），第1章2節-1，第3章6節，おわりに（共著））

＊高橋　一夫（編著者紹介参照：はじめに（共著），演習課題1，演習課題3，第4章1・3節，演習課題6，おわりに（共著））

岡本　和惠（常磐会短期大学幼児教育科教授：第1章1節）

藤原　牧子（大阪成蹊短期大学幼児教育学科講師：第1章2節-2）

網谷　綾香（大阪成蹊短期大学幼児教育学科准教授：第1章3節-3）

樋口　奈生（大阪成蹊短期大学幼児教育学科非常勤講師：コラム1）

阪野　学（大阪成蹊短期大学幼児教育学科准教授：第1章4節-5・6，第1章7節-17（共著））

竹安　知枝（芦屋大学臨床教育学部児童教育学科准教授：第1章5節-7）

松尾　寛子（神戸常盤大学教育学部こども教育学科准教授：第1章5節-8）

今井　清美（大阪成蹊短期大学幼児教育学科非常勤講師：第1章5節-9）

松元　早苗（大阪成蹊短期大学幼児教育学科講師：第1章5節-10）

紺谷　武（大阪成蹊短期大学幼児教育学科講師：第1章5節-11）

戸川　晃子（神戸常盤大学教育学部こども教育学科講師：第1章5節-12）

範　衍麗（大阪成蹊短期大学幼児教育学科講師：第1章5節-13）

渋谷　郁子（大阪成蹊短期大学幼児教育学科准教授：第1章6節-14）

寅屋　壽廣（大阪成蹊短期大学幼児教育学科教授：第1章6節-15，第3章4節）

園田　育代（大阪成蹊短期大学幼児教育学科講師：コラム2）

堀　千代（常磐会短期大学幼児教育科教授：第1章7節-16，第2章1節）

飯尾　雅昭（常磐会短期大学幼児教育科講師：第1章7節-17（共著））

輿石由美子（常磐会短期大学幼児教育科准教授：第1章7節-18）

作野　理恵（プール学院大学短期大学部幼児教育保育学科教授：第1章8節）

藪　一裕（プール学院大学短期大学部幼児教育保育学科講師：第2章2節）

徳冨　佳代（児童養護施設愛育社：コラム3）

田島真知子（プール学院大学短期大学部幼児教育保育学科講師：第2章3節）

森岡　伸枝（大阪芸術大学短期大学部保育学科准教授：第2章4節）

髙間　準（プール学院大学短期大学部幼児教育保育学科准教授：第2章5節）

前田　泉穂（幼保連携型認定こども園ろばのこ保育園園長：コラム4）

秋武　寛（びわこ成蹊スポーツ大学大学院スポーツ学研究科，スポーツ学部准教授：第2章6節）

白波瀬達也（常磐会短期大学幼児教育科准教授：第2章7節）

白井由希子（常磐会短期大学幼児教育科講師：第2章8節）

田邊　朋子（大阪成蹊短期大学幼児教育学科非常勤講師：第3章1節）

卜田真一郎（常磐会短期大学幼児教育科教授：第3章2節）

田宝　敏美（大阪千代田短期大学非常勤講師：コラム5）

向井　秀幸（大阪成蹊短期大学幼児教育学科講師：第3章3節）

小谷　朋子（常磐会短期大学幼児教育科講師：第3章5節）

柘植　誠子（大阪成蹊短期大学幼児教育学科准教授：演習課題4）

西村　直子（こひつじ保育園（幼保連携型認定こども園）保育士：コラム6）

編著者紹介

寺田　恭子（てらだ・きょうこ）

2013年　大阪市立大学大学院生活科学研究科後期博士課程
　　　　総合福祉・心理臨床科学講座単位取得後退学。
　　　　博士（臨床福祉学）（関西福祉科学大学）。
現　在　プール学院大学短期大学部幼児教育保育学科教授。

榊原　志保（さかきばら・しほ）

1998年　京都大学大学院教育学研究科教育学専攻
　　　　博士後期課程単位取得満期退学。
　　　　修士（教育学）（京都大学）。
現　在　大阪成蹊短期大学幼児教育学科教授。

高橋　一夫（たかはし・かずお）

2007年　同志社大学大学院総合政策科学研究科総合政策
　　　　科学専攻博士課程（後期課程）修了。
　　　　博士（政策科学）（同志社大学）。
現　在　常磐会短期大学幼児教育科准教授。

保育・教職実践演習	
——わたしを見つめ，求められる保育者になるために——	
2017年10月1日　初版第1刷発行	〈検印省略〉

定価はカバーに
表示しています

編　著　者	寺　田　恭　子
	榊　原　志　保
	高　橋　一　夫
発　行　者	杉　田　啓　三
印　刷　者	中　村　勝　弘

発行所　株式会社　ミネルヴァ書房
607-8494 京都市山科区日ノ岡堤谷町1
電話代表　(075)581-5191
振替口座　01020-0-8076

© 寺田恭子・榊原志保・高橋一夫ほか, 2017　中村印刷・清水製本

ISBN978-4-623-08076-2

Printed in Japan

幼稚園・保育所・施設実習完全ガイド［第2版］
　　──準備から記録・計画・実践まで
　太田光洋 編著

B5判　308頁
本　体 3200円

本当に知りたいことがわかる！　保育所・施設実習ハンドブック
　小原敏郎・直島正樹・橋本好市・三浦主博 編著

A5判　276頁
本　体 2600円

保育実習ガイドブック
　　──理論と実践をつなぐ12の扉
　中里操・清水陽子監修／山崎喜代子・古野愛子 編著

B5判　184頁
本　体 2200円

──────ミネルヴァ書房──────
http://www.minervashobo.co.jp/